Reihe Hanser 61

Wolf Lepenies
Helmut Nolte
Kritik der Anthropologie

Marx und Freud
Gehlen und Habermas
Über Aggression

Carl Hanser Verlag

ISBN 3 446 11394 0

Die Ziffern in [ ] verweisen
auf die Anmerkungen
jeweils am Schluß eines
jeden Aufsatzes

2. Auflage 1972
8.–11. Tausend

Ausstattung:
Heinz Edelmann
Gesamtherstellung:
Friedrich Pustet,
Regensburg
Printed in Germany

Reihe Hanser 61

Wolf Lepenies/Helmut Nolte Kritik der Anthropologie

»Die ›Wissenschaft vom Menschen‹ als ›Kritik‹ zu entwerfen, wie Jürgen Habermas es in *Erkenntnis und Interesse* tut, bleibt daher solange ein nur formaler Vorschlag, als noch keine Anthropologie vorliegt, aus deren naturwissenschaftlich abgesicherten Prämissen eine bestimmte Gesellschaftskritik abgeleitet werden könnte. Daß die Anthropologie bis heute den Status einer Naturwissenschaft nicht erreicht hat, daß darüberhinaus bezweifelt werden kann, ob die ›Wissenschaft vom Menschen‹ je Naturwissenschaft zu werden vermag – ein Zweifel, der durch die ›anthropofugale Bewegung‹ (Lorenz Krüger) der Naturwissenschaften noch verstärkt wird –, erklärt die immerwährende Modernität des Streits um eine ›richtige‹ Anthropologie. Heute deutet alles darauf hin, daß nach dem Positivismusstreit der sechziger Jahre nunmehr die Anthropologie-Diskussion wieder ins Zentrum der soziologischen Auseinandersetzungen rückt.«

Wolf Lepenies, geb. 1941. Wissenschaftlicher Rat und Professor am Institut für Soziologie der Freien Universität Berlin. Veröffentlichte Zeitschriftenaufsätze; *Melancholie und Gesellschaft*, Frankfurt/Main 1969; *Orte des wilden Denkens. Zur Anthropologie von Claude Lévi-Strauss* (Herausgeber mit Hanns H. Ritter), Frankfurt/Main 1970. *Soziologische Anthropologie.* Materialien. Reihe Hanser Bd. 80, München 1971.
Dr. Helmut Nolte, geb. 1941. Assistenzprofessor der Freien Universität Berlin. Veröffentlichungen: *Psychoanalyse und Soziologie. Die Systemtheorien Sigmund Freuds und Talcott Parsons'*, Bern-Stuttgart-Wien. Zusammen mit Irmingard Staeuble: *Zur Kritik der Sozialpsychologie*, Reihe Hanser Bd. 104 München 1972.

Inhalt

Vorbemerkung

Die hier veröffentlichten Aufsätze sind aus gemeinsamen Lehrveranstaltungen entstanden. Dabei haben wir zunächst durch einen Vergleich von Marx und Freud versucht, eine Auffassung von Anthropologie zu entwickeln, die es zwar für richtig erachtet, nach Konstanten der menschlichen Natur zu suchen und die »Wissenschaft vom Menschen« in die Nähe einer Naturwissenschaft zu rücken, gleichzeitig aber darauf beharrt, praktisch, im »Experiment«, zu testen, was am Menschen und am menschlichen Verhalten unveränderlich ist und was durch eine Änderung gesellschaftlicher Zustände modifiziert werden kann.

Wir verstehen diese Beiträge als Skizzen zu einer *soziologischen Anthropologie* [1]. Odo Marquard hat die These vertreten, selbst im Anschluß an die Soziologie bleibe die Anthropologie als Abkehr von der Geschichtsphilosophie latent eine »Wende zur Natur« [2]. Eine soziologische Anthropologie nun beinhaltet zwar die Abkehr von der Geschichtsphilosophie wie die Wendung zur »Natur« – Reflexion auf ihre Geschichtlichkeit, d. h. geschichtliche Veränderbarkeit aber zeichnet sie gerade aus. Diese Anthropologie läßt den Menschen nicht »zu fixer Gegenständlichkeit erstarren«, Dialektik und Geschichte werden nicht beiseite geschoben [3], sondern sind für sie konstitutiv.

Dieter Claessens, dem Lehrer, Kollegen und Freund, sind diese Aufsätze gewidmet.

Zur zweiten Auflage:

Wir möchten den Leser auf folgende Publikationen hinweisen, in denen die hier konzipierten Überlegungen weiterentwickelt sind: Wolf Lepenies, *Soziologische Anthropologie*. Materialien. Reihe Hanser Bd. 80, München 1971; Helmut Nolte: Aufklärung und Realitätsabwehr in der psychoanalytischen Sozialpsychologie, in: Helmut Nolte/Irmingard Staeuble: *Zur Kritik der Sozialpsychologie*. Reihe Hanser Bd. 104, München 1972.

Anmerkungen:

1 Dieter Claessens, *Instinkt, Psyche, Geltung. Zur Legitimation menschlichen Verhaltens. Eine soziologische Anthropologie,* Köln u. Opladen, 2. verb. Aufl. 1970; Helmut Nolte, »Bestimmungsfaktoren menschlichen Verhaltens aus der Sicht einer soziologischen Anthropologie«, in: *Evangelische Akademie Rheinland-Westfalen,* Protokoll Nr. 270 (1969), S. 42–65.

2 Odo Marquard, »Zur Geschichte des philosophischen Begriffs ›Anthropologie‹ seit dem Ende des achtzehnten Jahrhunderts«, in: *Collegium Philosophicum.* Studien Joachim Ritter zum 60. Geburtstag, Basel–Stuttgart 1965, S. 209 ff., hier S. 221.

3 Georg Lukács, *Geschichte und Klassenbewußtsein,* Berlin 1923, S. 204.

Experimentelle Anthropologie und emanzipatorische Praxis

Überlegungen zu Marx und Freud*

Der Entwurf einer jeden Anthropologie hat politische Konsequenzen. Was einer vom Menschen glaubt, wird nicht ohne Einfluß bleiben auf seine Auffassung von den Bedingungen und Zielen menschlichen Zusammenlebens. Umgekehrt rechtfertigen sich politische Theorie und Praxis durch bestimmte anthropologische Grundannahmen. Dabei werden die anthropologischen Prämissen so gefaßt, daß sie geplanten soziostrukturellen Veränderungen eine Möglichkeitsgarantie bieten oder eine verändernde Praxis bereits im Ansatz abschneiden. In beiden Fällen versucht Politik sich ihrer Zielvorstellungen und Vorgehensweisen im vorhinein wissenschaftlich zu versichern. Uns liegt daran zu zeigen, daß in den Werken von Marx und Freud ein andersartiges Verhältnis von Anthropologie und Politik sich ausdrückt. Die Skepsis, mit der beide ihrer eigenen Anthropologie gegenüberstehen [1], verlangt einen experimentellen Vorgriff, der vor der theoretisch begründeten Blockierung emanzipatorischer Praxis sich ebenso hütet wie vor einem zu großen »Utopiequantum« (Schelsky) [2].

1.

1.1. Als wissenschaftliche Disziplin konnte Soziologie erst durch den Nachweis ihrer Eigenständigkeit auch gegenüber Anthropologie und Psychologie sich durchsetzen. Wo die

* Die Anregung zu dieser Arbeit erhielten wir im Hermeneutischen Colloquium »Psychoanalyse und Sozialwissenschaften«, das im Sommersemester 1968 an der FU Berlin Dieter Claessens, Wolfgang Hochheimer, Klaus Holzkamp, Jacob Taubes und Horst-Ulfert Ziolko abhielten. Ihnen und den übrigen Teilnehmern am Colloquium haben wir für Kritik und Hinweise zu danken. Dieser Aufsatz wurde zuerst im *Archiv für Rechts- und Sozialphilosophie*, Vol. 1970 LVI/l, S. 61–121, publiziert. Wir legen ihn hier in einer geringfügig veränderten Fassung vor und danken den Herausgebern des *Archivs* für die Erlaubnis zum Wiederabdruck.

Selbstbehauptung freilich zu rigoros proklamiert wurde, hatte diese »Emanzipation« ironische Folgen, gewannen die verschmähten Fächer unter der Hand eine Bedeutung für soziologische Fragestellungen, die sie vor der Sezession kaum besessen hatten. Zeigen läßt sich das an Comte, der Soziologie erst zu konstituieren vermochte, als er ihr ein von Biologie und Physik getrenntes, eigenständiges Objekt zuschrieb – und bei dem die Anthropologie dennoch schließlich die Rangfolge der wissenschaftlichen Disziplinen krönte [3]. Zeigen läßt sich das ferner an Durkheim, dessen »chosisme« auf der rigorosen Trennung der soziologischen von der psychologischen Fragestellung beruhte – und dessen »Schule« heute in eine Anthropologie mündet, die auch noch Ethnologie als Psychologie, nicht umgekehrt, begreift [4].

Die Frage der psychologischen und anthropologischen Grundlagen und Voraussetzungen des Faches spielt innerhalb der erkenntnis- und wissenschaftstheoretischen Diskussion der Soziologie eine entscheidende Rolle. Dabei handelt es sich nicht nur um manifeste Versuche, Soziologie auf Psychologie zu *reduzieren*, wie es etwa G. C. Homans unternimmt, oder Psychisches und Soziales zu kombinieren, wie es in systemtheoretischen Ansätzen, vor allem in der strukturell-funktionalen Theorie, geschieht – auch für Simmel z. B. ließe sich zeigen, daß seine spezifische Erkenntnisproblematik die Dissoziation anthropologischer und soziologischer Fragestellungen zur Grundlage hat, und Max Webers Konzeption des sozialen Handelns, in deren Mittelpunkt die Kategorie des subjektiv gemeinten Sinns steht, kann durch die Betonung der Verstehensproblematik eine anthropologische Absicherung eigentlich nicht entbehren.

Die genauere Darstellung dieses Problems ließe sich zu einer enzyklopädischen Diskussion der Soziologie-Theorien ausweiten. Wir betrachten es unter einem verengenden Gesichtspunkt, wobei der Begriff einer emanzipatorischen gesellschaftlichen Praxis und die Frage ihrer möglichen Begründbarkeit durch Rekurs auf anthropologische Prämissen [5] in den Vordergrund rückt. Diese Einengung der Fragestellung ist natürlich insofern prekär, als überhaupt keine Theorie ohne praktische Konsequenzen denkbar ist. Gerade die Theorie, die ihre Praxisferne proklamiert, ist eminent praktisch, weil sie das Bestehende verschwiegen sanktioniert.

Progressiven wie konservativen soziologischen Theorien dient zur Begründung des eigenen Praxisverhältnisses eine spezifische Anthropologie als Grundlage. Eine konservative Attitüde mit dem Trend zur Festigung bestehender Institutionen beruft sich dabei mit gleicher Vehemenz auf anthropologische Konstanten wie der Versuch, politisch emanzipatorisch zu wirken, mit Verve das Vorhandensein beengender Schranken leugnet und als anthropologisches Prinzip höchstens Spontaneität – was dann meist nicht mehr als Prinzipienlosigkeit bedeutet – akzeptiert [6]. Unsere Kritik richtet sich gegen beide Versuche, politische Praxis durch anthropologische Grundannahmen abzusichern. Im Rückgriff auf Marx und Freud versuchen wir vielmehr zu zeigen, daß eine direkte Begründung praktischen Tuns durch einen solchen kurzgeschlossenen Rückgriff nicht möglich ist.

1.2. Gerade die »Kritische Theorie« [7], die sich als *Theorie* durch ihr emphatisches *Praxis*-Verhältnis begründet, hat auf anthropologische Aussagen nie verzichtet. Das läßt sich an Bloch und Benjamin zeigen – vor allem an der Idee einer »Resurrektion der Natur«, welche auch die Menschennatur betrifft – und reicht bis zu Herbert Marcuses Konzeption einer neuen, praxisumwälzenden Sinnlichkeit und zum Spätwerk Adornos, der in der *Negativen Dialektik* auf Ulrich Sonnemanns *Negative Anthropologie* als ein Parallelunternehmen hinwies [8].

Horkheimer hat das Verhältnis einer emanzipatorisch orientierten Theorie zur Anthropologie am deutlichsten wiedergegeben, als er behauptete, es gebe keinen »stichhaltigen Einwand der Anthropologie dagegen, schlechte gesellschaftliche Verhältnisse zu überwinden« [9] und emphatisch forderte: »Die gegen notwendige historische Veränderungen seit je erhobene Rede, daß die Natur des Menschen dawider sei, soll endlich verstummen« [10]. Damit ist unser Thema angeschnitten.

Die Fragestellung geht auf Marx zurück, nirgend sonst als im Streit um den »wahren« Marx lassen die Divergenzen des Problems sich deutlicher herausarbeiten. Während einmal behauptet wird, Marx habe als Theoretiker »immer eine fixe Natur des Menschen und seiner Gesellschaft« [11] vorausgesetzt, heißt es in einem Beitrag zum Rahmenthema *Karl*

Marx und die moderne Philosophie lapidar: »Die ›unwandelbare‹ Natur des Menschen ist natürlich ein Hirngespinst« [12]. Zwischen diesen Polen spielt sich die Diskussion um die anthropologische Position des Marxismus ab.
Diese Debatte wird deshalb so erbittert geführt, weil die Geschichte der Marx-Rezeption letztlich die Geschichte der marxistischen Anthropologie-Auffassung darstellt. Seit der Entdeckung der Pariser (»Ökonomisch-Philosophischen«) Manuskripte, die zum ersten Mal 1932 veröffentlicht wurden – Herbert Marcuse hat dazu einen der frühesten Essays geschrieben [13] –, ist die Marx-Exegese wesentlich von der Einschätzung der Marxschen Anthropologie bestimmt worden. Bedeutung erlangte diese Facette des Werkes von Marx vor allem in der Bundesrepublik. Hatte nach 1932 durch Etablierung des Faschismus in Deutschland eine Marx-Debatte, die dann die Pariser Manuskripte miteinbezogen hätte, gar nicht mehr stattfinden können, so wurde dieser Rückstand nach 1945 mehr als wettgemacht. Die Betonung, die in der philosophischen und nicht zuletzt theologischen Diskussion jetzt auf die Marxsche Anthropologie gelegt wurde, gestattete es, den frühen vom späten Marx radikal zu trennen und in »schwebender Orthodoxie« (Habermas) vor allem den Bereich der politischen Ökonomie samt den praktischen Konsequenzen, die daraus hätten gezogen werden müssen, auszuklammern. In den sozialistischen Ländern, vor allem in der DDR, wurde die »anthropologische Spekulation« mit Schärfe verworfen – so rigoros, daß mit politischer Opposition oft genug ein Rekurs auf den »anthropologischen Marx« sich verband, wie er auf Grund der Textinterpretation eigentlich nur wider besseres Wissen erfolgen konnte [14]. Heute wird dafür offiziell weitgehend die Differenz der Pariser Manuskripte zum übrigen Werk von Marx geleugnet und die »Anthropologie des jungen Marx« der »Schlüssel zur Ökonomie« genannt – mehr aus Gründen der Absicherung allerdings, wie es scheint, denn aus begründeter Einsicht [15]. Die Schwierigkeit besteht darin, beim Rückgriff auf die Marxschen Frühschriften von deren »bürgerlichen Freiausbeutern« (Kurella) [16] sich abzusetzen.
Blickt man nach Frankreich, so läßt sich dort in manchen Aspekten eine, verglichen mit der Entwicklung in der Bundesrepublik, gegensätzliche Bewegung konstatieren. Als hier

die anthropologische Marx-Exegese florierte, beeinflußte dort vor allem Kojève, der Marx mit Hegel und diesen mit Marx verstehen wollte, die Marx-Diskussion. Sie wird heute durch die Debatte um Louis Althusser beherrscht, der rigoros den frühen vom alten Marx trennt (»Coupure«), als marxistisch nur die Systemkonstruktion der späten politischen Ökonomie akzeptiert und den Marxschen Humanismus und Historismus sowie die Marxsche Anthropologie als bloß »vormarxistisch« ansieht [17].
Diese Skizze zur Wirkungsgeschichte der Marxschen »Anthropologie« soll zeigen, daß es sich dabei um einen entscheidenden Topos der ganzen Marx-Debatte handelt. Hier kommt nicht ein Thema unter anderen zur Sprache: davon wird die politische Auseinandersetzung geprägt, die in der Marx-Diskussion von der wissenschaftshistorischen und wissenschaftstheoretischen Debatte gar nicht zu trennen ist. Dabei gilt heute noch immer, was Max Adler schon 1930 feststellte: die Ideologieanalyse von Marx ist kaum mit der Freudschen Psychoanalyse vermittelt, die »vermeintlich soziologischen Resultate« der psychoanalytischen Sozialforschung ergeben sich meist nur »durch unkritisierte stillschweigende soziologische Voraussetzungen« [18]. Das Programm, das Adler für die materialistische Geschichtsauffassung entwarf, ist daher noch einzulösen:

»Sie wird also vor allem den Menschen in ausgedehnterem Maße als ein Instinkt- und Triebwesen zu betrachten haben, als ihr dies vielleicht aus dem Intellektualismus der Philosophie und Naturwissenschaft her nahelag. Auf der anderen Seite ist aber scharf zu betonen, daß es ein vergeblicher Versuch ist, aus Instinkten oder Trieben das gesellschaftliche Leben abzuleiten oder auch nur in seinem Ablauf allein zu konstruieren.«[19]

Was Adler monierte, hat Adam Schaff in neuerer Zeit bestätigt: Die Psychologie ist »die Achillesferse der marxistischen Forschung in den gesellschaftlichen Fragen« [20].

1.3. Wir wollen nunmehr die historisch orientierte Reflexion auf die Marxsche Anthropologie abbrechen und direkt zu einer Stelle im Marxschen Werk übergehen, die uns in symptomatischer Weise nicht nur das Marxsche Verhältnis zur anthropologischen Fragestellung plastisch wiederzugeben scheint, sondern auch in deutlicher Weise die Beziehung der anthropologischen Fragestellung zu deren Praxisrelevanz beantwortet. Diese längere Passage stammt aus der »Deutschen Ideologie«, sie wird in der Marx-Literatur selbst dort nicht diskutiert, wo ihre Diskussion unerläßlich wäre [21], und ist, wenn wir recht sehen, erst in jüngster Zeit von Erich Fromm und Robert Kalivoda systematisch interpretiert worden [22]. In der mit Stirner geführten Auseinandersetzung zum Verhältnis von »Begierden« und »materiellen Umständen« – womit die zentrale anthropologische Fragestellung benannt ist, die formal mit der wissenssoziologischen sich vergleichen läßt – nimmt Marx zunächst eine Position ein, die für ihn als »traditionell« insofern bezeichnet werden kann, als sie auf der Abhängigkeit auch der Begierden von den Umständen insistiert:

»Ob eine Begierde fix wird oder nicht, d. h. ob sie zur ausschließlichen (Macht über uns wird), wodurch indes ein (weiterer Fortschritt nicht aus)geschlossen ist, das hängt davon ab, ob die materiellen Umstände, die ›schlechten‹ weltlichen Verhältnisse erlauben, diese Begierde normal zu befriedigen und andererseits eine Gesamtheit von Begierden zu entwickeln. Dies letztere wieder hängt davon ab, ob wir in Umständen leben, die uns eine allseitige Tätigkeit und damit eine Ausbildung aller unserer Anlagen gestatten. Ebenso hängt es von der Gestaltung der wirklichen Verhältnisse und der in ihnen gegebenen Möglichkeiten der Entwickelung für jedes Individuum ab, ob die Gedanken fix werden oder nicht – wie z. B. die fixen Ideen der deutschen Philosophen, dieser ›Opfer der Gesellschaft‹, qui nous font pitié, von den deutschen Verhältnissen unzertrennlich sind.«[23]

In einer darauffolgenden, längeren Passage aber, die im Manuskript gestrichen wurde [24], wird diese Beziehung von Begierden und Umständen, oder, anders ausgedrückt, von anthropologischem und soziologischem Faktor, in veränderter, und wie wir meinen in exemplarischer Weise ausgedrückt [25]:

»Die Kommunisten, indem sie die materielle Basis angreifen, auf der die bisher notwendige Fixität der Begierden oder Gedanken beruht, sind die einzigen, durch deren geschichtliche Aktion das Flüssigmachen der fixwerdenden Begierden und Gedanken wirklich vollzogen wird und aufhört, wie bei allen bisherigen Moralisten,

»bis herab zu« Stirner, ein ohnmächtiges Moralgebot zu sein. Die kommunistische Organisation wirkt in doppelter Weise auf die Begierden, welche die heutigen Verhältnisse im Individuum hervorbringen; ein Teil dieser Begierden, diejenigen nämlich, welche unter allen Verhältnissen existieren und nur der Form und Richtung nach von verschiedenen gesellschaftlichen Verhältnissen verändert werden, wird auch unter dieser Gesellschaftsform nur verändert, indem ihnen die Mittel zur normalen Entwicklung gegeben werden; ein anderer Teil dagegen, diejenigen Begierden nämlich, die ihren Ursprung nur einer bestimm[ten] Gesellschaftsform, bestimmten Pro[duktions] – und Verkehrsbedingungen verdanken, wird ganz und gar seiner Lebensbedingungen beraubt. Welche [Begierden] nun unter der kommunisti[schen Organ]isation bloß verändert und [welche aufgelöst] werden, läßt [sich nur auf prakt]ische Weise, durch [Veränderung der wirk]lichen, praktischen [»Begierden«, nicht durch] Verglei[chungen mit früheren g]eschichtlichen [Verhältnissen, entscheiden.]
[Natürlich sind die] beiden Ausdrü[cke: »fix« und »Begierden«], die wir [soeben gebrauchten, um] Stirner in [dieser »einzigen« Tats]ache schlagen zu [können,] ganz unpassend. Die Tatsache, daß in der heutigen Gesellschaft bei einem Individuum sich *ein* Bedürfnis auf Kosten aller andern befriedigen kann, und daß dies »nicht sein soll« und daß dies plus ou moins bei allen Individuen der jetzigen Welt geschieht und daß dadurch die freie Entwicklung des ganzen Individuums unmöglich gemacht wird, drückt Stirner, weil er von dem empirischen Zusammenhang dieser Tatsache mit der bestehenden Weltordnung nichts weiß, dahin aus, daß bei den mit sich uneinigen Egoisten »die Begierden fix werden«. Eine Begierde ist schon durch ihre bloße Existenz etwas »Fixes« und es kann nur Sankt Max und Konsorten einfallen, seinen Geschlechtstrieb z. B. nicht »fix« werden zu lassen, was er schon ist und nur durch die Kastration oder Impotenz aufhören würde zu sein. Jedes einer »Begierde« zugrunde liegende Bedürfnis ist ebenfalls etwas »Fixes«, und Sankt Max bringt es mit aller Mühe nicht fertig, diese »Fixität« aufzuheben und z. B. dahin zu kommen, daß er nicht innerhalb »fixer« Zeiträume essen muß. Die Kommunisten denken auch nicht daran, diese Fixität ihrer Begierden und Bedürfnisse aufzuheben, wie Stirner in der Welt seines Wahnes ihnen nebst allen andern Menschen zumutet; sie erstreben nur eine solche Organisation der Produktion und des Verkehrs, die ihnen die normale, d. h. nur durch die Bedürfnisse selbst beschränkte, Befriedigung aller Bedürfnisse möglich macht.«

1.4. Wie später noch zu zeigen sein wird, deckt sich die Trennung von Begierden, »welche unter allen Verhältnissen existieren«, und anderen, »die ihren Ursprung nur einer bestimm(ten) Gesellschaftsform ... verdanken«, mit Ansichten des jungen *und* des alten Marx. Daher läßt sich die »Deutsche Ideologie« im Rahmen des Marxschen Œuvres auch nicht so sehr als ein Werk des Übergangs kennzeichnen, das den jungen vom reifen Marx trennt (Althusser), sondern als Werk, das eine konzeptionelle Einheit aus vorher und nachher entstandenen Schriften darstellt. So gewinnt diese Textstelle der »Deutschen Ideologie« entscheidende Bedeutung. Nirgends drückt sich deutlicher aus, welche strategische Rolle der Praxisbegriff bei der Diskussion des Verhältnisses von anthropologischem und soziologischem Faktor spielt. Es zeigt sich, daß nach Marx über die Möglichkeit einer Änderung der »Umstände« ebensowenig abstrakt entschieden werden kann wie über die anthropologischen Chancen oder Barrieren, die eine solche Änderung zu unterstützen oder zu hemmen vermöchten. Zum Theorie-Praxis-Verhältnis auf der Ebene der Anthropologie-Diskussion läßt sich daraus folgern, daß zur Theorie Praxis noch als theoretisches Moment gehört und Theorie nur praktisch abgeschlossen werden kann, daß Theorie *blockiert* wird, wenn sie sich ihrer Folgen nicht in der Praxis versichert. Die Marxsche Position ist anti-dogmatisch, nämlich skeptisch [26]. Der Marxismus, der sich hier ausdrückt, trägt *experimentellen* Charakter.

Übernimmt man die Klassifizierung von Helmut Fleischer, der in der marxistischen Theorie drei vorherrschende Begriffe von Geschichte zu erkennen glaubt, so ergibt sich aus der zitierten Stelle der »Deutschen Ideologie« der eindeutige Vorrang des pragmatologischen vor dem anthropologischen oder gar nomologischen Ansatz, wenn dieser Begriff hier auch etwas anders verwendet wird als bei Fleischer [27].

An einer anderen Stelle seiner Untersuchung betont Fleischer, Marx stehe »dem mehr *experimentellen* Geschichtsbegriff von Kant näher als Hegels Idee der Vernunft in der Geschichte« [28]. Fleischer gibt damit mehr als eine nur wissenschaftshistorisch interessante Einordnung der Marxschen Position. Der Bezug auf Kant suggeriert nicht nur die Verwandtschaft zweier Geschichtstheorien, von denen die Kantische durch die Habermassche Konstruktion einer Geschichtsphilosophie in praktischer Absicht neue Aktualität gewonnen hat [29], sondern verweist auf einen systematischen Zusammenhang von Anthropologie und praktischer Vernunft, in dessen Umkreis die Marxsche Analyse durchaus gehört. Sie entstammt nämlich jener historischen Konstellation, in welcher die Moderne vor allem als ein neues Verhältnis von Theorie und Praxis sich auskristallisierte [30]. Mit der Dissoziation theoretischer und praktischer Philosophie, wobei die leitenden Prinzipien der letzteren sich »nicht mehr mit Hilfe der Topik und Rhetorik vom Anerkannten und Bewährten aus ermitteln« [31] lassen, entsteht unter den neuen, neben die alten Sparten der praktischen Philosophie – Ethik, Ökonomie und Politik – tretenden Disziplinen auch die *Anthropologie* [32]. Den Reflex dieses Ursprungszusammenhanges spiegelt noch die Hegelsche Rechtsphilosophie, in welcher von der bürgerlichen Gesellschaft als dem »System der Bedürfnisse« die Rede ist [33].

1.5. Die Beziehung zu Marx, der, wie aus dem angeführten Zitat der »Deutschen Ideologie« abzuleiten ist, das anthropologische Problem pragmatisch lösen will, nämlich durch *praktische Erprobung des anthropologisch vielleicht Möglichen,* läßt sich von der Kantischen Geschichtsphilosophie und Anthropologie aus herstellen. Von der Geschichtsphilosophie aus, wenn man sich zunächst erinnert, daß Kant Glückseligkeit, als Ziel der Menschengeschichte, nur in der Gattung als ganzer und jenseits der natürlichen Ausstattung des Menschen für verwirklichbar hält: »Am Menschen ... sollten sich diejenigen Naturanlagen, die auf den Gebrauch seiner Vernunft abgezielt sind, nur in der Gattung, nicht aber im Individuum vollständig entwickeln«, heißt es im zweiten Satz der »Idee zu einer allgemeinen Geschichte in weltbürgerlicher Absicht« [34] und im dritten: »Die Natur hat gewollt: daß der Mensch alles, was über die mechanische Anordnung seines tierischen Daseins geht, gänzlich aus sich selbst herausbringe, und keiner anderen Glückseligkeit, oder Vollkommenheit, teilhaftig werde, als die er sich selbst, frei von Instinkt, durch eigene Vernunft, verschafft hat« [35]. Weitere Parallelen ließen sich ziehen, u. a. zu der auch bei Kant so angelegten *antagonistischen,* nicht harmonistischen Geschichtsauffassung. Am Postulat menschlicher Glückseligkeit hält Kant, ebenso wie Marx, gegen vermutete anthropologische Schranken, fest:

»Daß niemals ein Mensch demjenigen adäquat handeln werde, was die reine Idee der Tugend enthält, beweiset gar nicht etwas Chimärisches in diesem Gedanken. Denn es ist gleichwohl alles Urteil, über den moralischen Wert oder Unwert, nur vermittelst dieser Idee möglich; mithin liegt sie jeder Annäherung zur moralischen Vollkommenheit notwendig zum Grunde, *so weit auch die ihrem Grade nach nicht zu bestimmende Hindernisse in der menschlichen Natur uns davon entfernt halten mögen.«* [36]

Ähnlich wird auch in der »Anthropologie« selbst argumentiert, die Kant in physiologische und pragmatische Anthropologie auftrennt: »Die physiologische Menschenkenntnis geht auf die Erforschung dessen, was die *Natur* aus dem Menschen macht, die pragmatische auf das, was *er*, als freihandelndes Wesen, aus sich selber macht, oder machen kann und soll« [37].
Der neue Zusammenhang von Theorie und Praxis begründet nicht alleine eine neue Spielart der praktischen Philosophie, deren Erbe die Marxsche Kritik durchaus übernimmt – *»Ihr könnt die Philosophie nicht aufheben, ohne sie zu verwirklichen«* [38] –, die praktische Philosophie Kants entsteht auch durch den Abweis bisheriger, unzureichender Begründungen praktischer Philosophie:

»1. gegen die von einem vorgeschichtlichen Naturzustand des Menschen ausgehende Begründung, 2. gegen die von einem teleologischen Begriff der Natur des Menschen ausgehende Begründung, 3. gegen die *unmittelbar* von der Bibel, der Theologie oder der Kirche ausgehende Begründung« [39].

Sieht man von der Religionskritik ab, die bei Kant naturgemäß am stärksten von der Marxschen »Kritik« abweicht – »da selbst der *kritische* Theologe *Theologe* bleibt«, wie es in den »Ökonomisch-philosophischen Manuskripten« heißt –, so zeigen sich auch hier Übereinstimmungen: Marx opponiert sowohl der Idee eines vorgeschichtlichen Naturzustandes, der die menschliche Geschichte, als Geschichte der Gattung, zu determinieren vermöchte, kehrt sich andererseits gegen eine teleologische Absicherung emanzipatorischer Anstrengung. Marx beruft sich, was den möglichen Einfluß des anthropologischen Faktors angeht, auf Praxis als regulatives und korrigierendes Prinzip und wendet sich gegen die Vorstellung eines vorgeschichtlichen Naturzustandes als eines Ensembles »immergleicher vernünftiger, vor allem aber unvernünftiger Triebe, Bedürfnisse und Interessen« [40], die schon die platonische und aristotelische praktische Philosophie an den Anschauungen der Sophisten bekämpft hatte.

1.6. Behält man diesen Zusammenhang im Auge, von dem aus der strategisch so wichtige Ort des Anthropologiebegriffs – zusammen mit einer bestimmten Praxisvorstellung – bei Marx verstanden werden kann, so wird dadurch eine Metakritik der kritischen Anmerkungen möglich, die Jürgen Habermas Marx gegenüber geäußert hat [41]. Zwar trennt Habermas zu Beginn seiner Analyse in *Erkenntnis und Interesse* deutlich subjektive Natur des Menschen und objektive Natur seiner Umgebung – Max Adler hat bei Marx subjektive und objektive Naturfaktoren unterschieden –, doch läßt sich zeigen, daß die Marx-Kritik, die er unternimmt, nur möglich ist, weil die Trennung beider Naturbegriffe nicht strikt durchgehalten und vor allem der Begriff der subjektiven Natur, der in unserem Zusammenhang den anthropologischen Faktor bezeichnet, nicht exakt genug beschrieben wird.
Wir folgen jetzt dem Gang der Habermasschen Analyse. Auf die »Ökonomisch-philosophischen Manuskripte« bezogen – hier bleibt die Frage unbeantwortet, mit welchem Recht und zu welchem Zweck Habermas das Marxsche Werk als Ganzes interpretiert, ohne eine entwicklungsgeschichtliche Differenzierung vorzunehmen – argumentiert Habermas: »Weil das Werkzeuge fabrizierende Tier sich vor allen Tiergattungen durch die Reproduktionsform der gesellschaftlichen Arbeit auszeichnet, ist die Menschengattung durch keine invariante natürliche oder transzendentale Ausstattung charakterisiert, sondern allein durch einen Mechanismus der Menschwerdung. Der gattungsgeschichtliche Begriff vom ›Wesen des Menschen‹ entlarvt Anthropologie in derselben Weise als Schein wie Transzendentalphilosophie« [41]. Im Rückgriff auf die »Deutsche Ideologie« heißt es dann weiter:

»Weil diese bleibenden Produktionen, die aufgespeicherten Produktivkräfte, ihrerseits die Welt, innerhalb deren die Subjekte zu ihren Gegenständen sich verhalten, verändern, kann es ein fixes Wesen der Gattung weder als transzendentale Lebensform noch in der empirischen Gestalt eines biologisch bedingten kulturellen Grundmusters geben« (41, 42) [42].

Habermas unterstellt Marx in doppelter Hinsicht eine starre Position, wo er in Wahrheit viel flexibler argumentiert: Weder wird ausgeschlossen, daß eine invariante »Ausstattung« des Menschen gegeben ist – die allerdings nur *praktisch*, nicht vorab, und zu anti-emanzipatorischen Zwecken, theoretisch festgestellt werden kann –, noch läßt sich, und das kann man jetzt korrespondierend erschließen, deterministisch vom »Prozeß der Menschwerdung« sprechen. Zu betonen wäre an dieser Stelle vielmehr, wie gerade von der Marxschen Konzeption des »anthropologischen Faktors« her Menschwerdung als menschliche Praxis begriffen werden muß, deren Möglichkeiten nicht zuletzt von den anthropologisch gegebenen Chancen des Individuums abhängen.
Wenn Habermas Marx mit Kant in Beziehung setzt, geschieht es auf einer Ebene, von der bezweifelt werden kann, ob sie das Entscheidende eines möglichen Vergleichs in das Blickfeld rückt. Nach einem Hinweis auf die Parallelfunktionen des Begriffs einer der menschlichen Geschichte vorgelagerten Natur bei Marx und des Kantischen »Ding an sich«, beschreibt Habermas die »eigentümliche *Differenz zwischen Kant und Marx*« folgendermaßen:

»Die Synthesis des Stoffes der Anschauung durch die Einbildungskraft erhält ihre notwendige Einheit unter Kategorien des Verstandes. Diese transzendentalen Regeln der Synthesis sind als reine Verstandesbegriffe ein internes und unveränderliches Inventar des Bewußtseins überhaupt. Die Synthesis des Stoffes der Arbeit durch die Arbeitskraft erhält ihre tatsächliche Einheit unter Kategorien des hantierenden Menschen. Diese technischen Regeln der Synthesis nehmen als Instrumente im weitesten Sinne sinnliche Existenz an und gehören zum historisch veränderlichen Inventar von Gesellschaften« (48).

Habermas ist zuzustimmen, wenn er betont: »Kantisch an der Marxschen Konzeption der Erkenntnis ist das invariante Verhältnis der Gattung zur umgebenden Natur ...« (49). Anschließend aber gelangt er, weil er subjektive von objektiven Naturfaktoren nicht scharf genug trennt, zu einer Auffassung des anthropologischen Faktors, wie sie Marx nicht unterstellt werden kann:

»Die Objektivität der Erfahrung konstituiert sich innerhalb eines durch anthropologisch tiefsitzende Handlungsstrukturen bestimmten Auffassungsschemas, das für alle durch Arbeit sich am Leben haltenden Subjekte gleichermaßen verbindlich ist. Die Objektivität der Erfahrung ist also an der Identität eines natürlichen Substrats, eben der auf Handlung angelegten körperlichen Organisation des Menschen festgemacht ...« (49).

Sieht man von dem Widerspruch ab, der zwischen dieser Auffassung der anthropologisch tiefsitzenden (!) Handlungsstrukturen und der Ablehnung einer invarianten natürlichen Ausstattung besteht (41–42), so erkennt man, daß nunmehr die Fixität der anthropologischen Ausstattung zum Nachweis dessen dienen soll, wozu vorher gerade die Leugnung der Fixität herhielt: des verschwiegenen Positivismus der Marxschen Geschichtsphilosophie, der sich für Habermas vor allem in der Marxschen Identität von Naturwissenschaft und Wissenschaft vom Menschen ausdrückt.

Zusammenfassend können wir sagen: Habermas kann Marx einen materialistischen Szientismus (86) nur unterstellen, weil er

1. die Wissenschaftsentwicklung im Marxschen Werk selbst nicht ausreichend berücksichtigt;
2. subjektive und objektive Naturfaktoren nicht genügend trennt;
3. den Mechanismus der Menschwerdung betont, ohne deutlich das Moment der Praxis als *Postulat* emanzipatorischen Handelns und als *Testbereich anthropologischer Chancen* hervorzuheben;
4. Naturwissenschaft nur als Szientismus faßt, als eine Form von Wissenschaft, der im strengen Sinne jene Reflexion fehlt, »durch (die) eine Kritik ausgezeichnet ist, die den naturgeschichtlichen Prozeß der Selbsterzeugung des gesellschaftlichen Subjektes untersucht ...« (63). Wir klammern die Frage, womit denn Habermas das Fehlen dieser Reflexionsmöglichkeit zu begründen vermag, hier aus. Aber gerade bei Betonung der anthropologischen Fragestellung ließe die Marxsche Intention, auch unter kritischen Gesichtspunkten, naturwissenschaftlich sich beschreiben: Pra-

xis würde dann begriffen nach dem Modell einer Wissenschaft, die sich der Geltung ihrer Hypothesen nicht endgültig zu versichern, sondern sie im Bereich der gesellschaftlichen Praxis nur rigiden Falsifikationstests zu unterziehen vermag. Seinem eigenen Standpunkt eigentlich nicht entsprechend, stellt sich Habermas mit dieser Kritik außerhalb eines Zusammenhanges, der die bürgerliche Aufklärung erst recht einleitete: in der großen französischen Enzyklopädie stehen die Wissenschaften von der Natur und vom Menschen *gemeinsam* im Mittelpunkt.

Und schließlich faßt Habermas

5. die Kantische Transzendentalphilosophie zu wenig als »kritische Philosophie« [43]. Die Differenz zwischen Kant und Marx kann gar nicht hinwegdisputiert werden. Zu fragen bleibt aber – wenn Transzendentalphilosophie nachdrücklich als kritische Philosophie gefaßt wird –, ob nicht Beziehungen zwischen Kant und Marx sich aufdecken lassen, die es ermöglichen, die Marxsche Anthropologie und Geschichtsphilosophie unter einem nicht nur szientifischen Gesichtswinkel zu erfassen.

1.7. Unsere bisherige Argumentation stützt sich auf den Marxschen Standpunkt in der »Deutschen Ideologie«. Eine genauere Analyse müßte zeigen, daß damit der Grundzug der Marxschen Anthropologie-Auffassung wiedergegeben ist. Hier können wir nur Andeutungen geben.

Anlaß der Angriffe gegen die vermeintlich ontologisch fixierte Anthropologie von Marx sind bis heute vornehmlich die Ökonomisch-philosophischen Manuskripte. Wenn auch Skepsis angesichts einer pauschalen Versicherung wie der von Schaff am Platze ist, der behauptet, in der Marxschen Anthropologie sei die Ökonomie des späten Marx vorweggenommen, so paßt es andererseits noch weniger, den jungen Marx nur als Feuerbach-Schüler zu sehen und den späten Marx mehr oder minder rigoros vom jungen Marx zu trennen [44]. Die »Kritik der Hegelschen Staatsphilosophie« argumentiert durchaus im Sinne einer *anthropologischen Kritik*, wenn Marx Hegel vorwirft, der Staat erhalte bei ihm »eine *tierische* Wirklichkeit« [45], und er sehe als Produkt der physischen Gattung, »was nur das Produkt der selbstbewußten Gattung« sei [46]. Diese »zoologische« Anschauungsweise bildet den Kernpunkt der Marxschen Metakritik an Hegel, und es erscheint von hier aus bereits fraglich, den Marx der Pariser Manuskripte als den Verfechter einer abstrakten Anthropologie und eines noch abstrakteren Humanismus zu deklarieren.

In der Schrift »Zur Judenfrage« taucht dann bereits die Idee des Menschen auf, der, durch den Zustand der Gesellschaft verdorben, nicht dazu gelangt, »*wirkliches* Gattungswesen« [47] zu werden. Damit ist das anthropologische Pathos vorweggenommen, das die »Kritik der Hegelschen Rechtsphilosophie« durchzieht, in welcher dem modernen Staat vorgehalten wird, daß er »den *ganzen* Menschen auf eine nur imaginäre Weise befriedigt« [48], in welcher eine radikale Revolution als »Revolution radikaler Bedürfnisse« konzipiert wird [49] – damit ist heute eine Zentralidee Herbert Marcuses bezeichnet – und das Proletariat als Klasse erscheint, die nur »durch die *völlige Wiedergewinnung des Menschen* sich selbst gewinnen kann« [50].

Wird in den Pariser Manuskripten dieses anthropologische Pathos nicht nur beibehalten, sondern noch gesteigert – wenn etwa Gesellschaft begriffen wird als »die vollendete Wesenseinheit des Menschen mit der Natur« [51] –, so finden sich doch auch Passagen, die das Pathos zurücknehmen und den Standpunkt der »Deutschen Ideologie« vorbereiten, die angeblich von den Ökonomisch-philosophischen Manuskripten durch einen epistemologischen Einschnitt getrennt sein soll [52]. Dabei wird zu leicht vergessen, daß Marx betont, seine Resultate seien »durch eine ganz empirische, auf ein gewissenhaftes kritisches Studium der Nationalökonomie gegründete Analyse gewonnen« [53]. In diesen empirienahen Zusammenhang gehört auch, daß Marx einerseits die Geschichte der Industrie und das gewordene gegenständliche Dasein der Industrie als »das *aufgeschlagne* Buch der *menschlichen Wesenskräfte*, die sinnlich vorliegende menschliche *Psychologie*« [57] bezeichnet, gleichzeitig jedoch die Psychologie, die von Arbeit als dem Inbegriff aller bisherigen menschlichen Tätigkeit abstrahiert, keine wirklich inhaltvolle und reelle Wissenschaft nennt [55]. Deutlich wird hier, wie Marx gerade von einer Psychologie, und dementsprechend auch Anthropologie, die Vermittlung ihres Forschens mit der konkreten gesellschaftlichen Wirklichkeit verlangt, wie es nicht darum geht, eine anthropologische Ontologie zu entwickeln, sondern Anthropologisches gesellschaftlich zu deuten: »Man muß die Macht seiner (des Menschen, die Verf.) Natur nicht an der Macht des einzelnen Individuums, sondern an der Macht der Gesellschaft messen« [56]. Diese Passagen – hier aus der »Heiligen Familie« – bezeichnen bereits den Übergang zur »Deutschen Ideologie«, in der zwar der Begriff des Gattungswesens, wie er emphatisch in den Pariser Manuskripten gebraucht wird, nicht mehr vorkommt, andererseits aber die Vorstellung der Naturwissenschaft als der natürlichen Wissenschaft vom Menschen und der Geschichte als der *Natur*geschichte des Menschen so beibehalten wird, wie sie ursprünglich in den Manuskripten auftauchte. Von diesen Textstellen aus kann kein scharfer Einschnitt zwischen den Pariser Manuskripten und den übrigen Marxschen Werken nachgewiesen werden, eher wären die Antizipationen im Frühwerk herauszustellen.

Auf die »Deutsche Ideologie« sind wir detailliert eingegangen. Wenn Marx und Engels auch betonen, daß sie in ihrer Analyse von den »materiellen Lebensbedingungen« [57] der Individuen ausgehen, so polemisieren sie andererseits gegen den Begriff *des* Menschen [58] – eine Polemik, die am deutlichsten in den »Randglossen zu Wagner« fortgesetzt wird, wenn Marx seine Methode als analytische Methode beschreibt, »die nicht von *dem* Menschen, sondern der ökonomisch gegebnen Gesellschaftsperiode ausgeht« [59]. Erscheint in der »Deutschen Ideologie« die Erzeugung neuer Bedürfnisse als »erste geschichtliche Tat« [60], so wird damit *anthropologisch* begriffen, warum für den Menschen die Gattungsgeschichte als Naturgeschichte erscheint und umgekehrt die Naturgeschichte als Entwicklung der Gattung. Offenbar ist nämlich für den Menschen die Bedürfnis*produktion* von Natur aus gegeben, freilich nur im Rahmen der Gattung voll verwirklichbar. An dieser anthropologischen Fundierung hält Marx auch später fest, so, wenn er im Rohentwurf zum »Kapital« durch die Sozietät geschaffene von natürlichen Bedürfnissen unterscheidet [61]. Dadurch bleibt die in den Frühschriften so zentrale Idee der menschlichen Gattungsgeschichte als Naturgeschichte erhalten, andererseits ist nun auch die bloße Möglichkeit einer ontologisch fundierten Anthropologie nicht mehr angedeutet, um so weniger, als Marx später erklärt, die Gesellschaft bestehe nicht aus Individuen, sondern drücke »die Summe der Beziehungen, Verhältnisse aus, worin diese Individuen zueinander stehn« [62].

Ähnlich ambivalent, d. h. einerseits Ideen der Frühschriften aufnehmend, andererseits ihr anthropologisches Pathos verwerfend, verhält sich Marx auch im »Kapital«. Die Konzipierung der Arbeit z. B., die als Bildnerin von Gebrauchswerten »ewige Naturnotwendigkeit« [63] bedeuten soll, die Kritik an der bürgerlichen Gesellschaft, in welcher »der Mensch schlechthin« eine »sehr schäbige Rolle spielt« [64], nehmen Ideen der Frühschriften auf. Andererseits kann, trotz des Rückgriffs auf eine »allgemein menschliche Natur« [65], trotz der Versicherung, den Arbeitsprozeß anthropologisch, d. h. »zunächst unabhängig von jeder bestimmten gesellschaftlichen Form zu betrachten« [66], trotz Trennung des »noch nicht gesellschaftlichen« von dem »irgendwie gesellschaftlich bestimmten« Menschen [67] nicht bestritten werden, daß sich der »Gegenstand« des »Kapitals« und, damit unabtrennbar verbunden, seine Methode von jener der Frühschriften unterscheiden.

Festzuhalten bleibt, daß Marx der ambivalenten Einstellung zum »anthropologischen Faktor« treu bleibt. Noch im »Kapital« begreift er ihn doppelt: als unveränderliche Naturgegebenheit, die vielleicht formal modifiziert, nicht aber verändert werden kann, andererseits als einen Faktor, dessen Einfluß auf menschliches Handeln, auf humane Praxis, sich nicht theoretisch bestimmen läßt. Daher ist es auch zu erklären, warum die Marxschen Äußerungen zur kommunistischen Gesellschaft so spärlich sind. Marx hält an der Skepsis fest, auch im Reich der Freiheit »immer ein Reich der Notwendigkeit« [68] zu sehen.

Diese Skepsis entspricht jener der »Deutschen Ideologie«, ableiten läßt sich daraus die Idee eines *experimentellen Marxismus*, der sich seiner Möglichkeiten weder ontologisch noch eschatologisch versichert, sondern sie im praktischen Vorgriff erprobt und das eigene »Utopiequantum« (Schelsky) realistisch bemißt. Berücksichtigt werden muß in diesem Zusammenhang freilich die Notwendigkeit der Kontrolle, der jedes Experiment unterzogen werden muß, denn »bei einem Test, der die Bedingungen einer möglichen ›Einschränkung des Leidens‹ erproben soll, darf das Risiko erhöhten Leidens nicht

zum Bestandteil der Versuchsanordnung selber gemacht werden« [69]. Daß Habermas – auf Freud bezogen – in einem anderen Kontext nachweist, daß der Versuch, Kulturvorschriften rationell zu begründen, im Bewußtsein vorgenommen wird, »ein Experiment durchzuführen, das *scheitern* kann« [70], zeigt, wie es sich in der Idee einer Anthropologie, deren Prämissen und der daraus deduzierbaren Schranken für ein emanzipatorisches Handeln man sich praktisch-experimentell versichert, um eine für die Psychoanalyse wie für den Marxismus gleichermaßen bedeutsame Vorstellung handelt, die von Wichtigkeit für Theorien menschlichen Verhaltens überhaupt zu sein scheint.
In diesem Rahmen, freilich auf eine wissenschaftstheoretische Frage konzentriert, scheint uns auch Karl-Otto Apel zu argumentieren, wenn er eine Verknüpfung hermeneutischen Verstehens mit Erklärungen der empirisch-analytischen Sozialwissenschaften zu legitimieren versucht [71]. Apel unternimmt diesen Legitimierungsversuch mit Blickrichtung auf die von Habermas entfaltete Utopie herrschaftsfreier Kommunikation. Um der Realisierung dieser Utopie näher zu kommen, sind zunächst Verbesserungen der je bestehenden Kommunikationssituation, also der Verständigungs*möglichkeiten* aller potentiellen Kommunikationspartner zu erstreben. Die Anwendung kausaler bzw. statistischer Erklärungen der empirisch-analytischen Sozialwissenschaften erscheint »solange legitim, als die Erklärung nicht Selbstzweck wird, sondern davon ausgeht, daß sie in ein reflexiv vertieftes Selbstverständnis der Kommunikationspartner umgesetzt werden *könnte*« [72].
Apel entwickelt damit für das Verhältnis hermeneutischer und empirisch-analytischer Wissenschaften zueinander eine ähnliche *experimentelle* Einstellung, wie wir sie für die Beziehung einer marxistisch orientierten Gesellschaftstheorie zu einer naturwissenschaftlich abgesicherten oder diese Absicherung doch zumindest anstrebenden Anthropologie vorgeschlagen haben. Das Verdikt gegenüber den analytisch-empirischen Disziplinen ist ebenso Ausdruck einer Vermeidungsstrategie wie die vorab dekretierte Unmöglichkeit, anthropologische »Konstanten« innerhalb des Entwurfs einer Theorie der Gesellschaft in kritischer Absicht zu berücksichtigen. Umgekehrt, und dieser Einwand wiegt in *praktischer* Perspektive schwe-

rer, können die empirisch-analytischen Disziplinen ebensowenig einen Ausschließlichkeitsanspruch reklamieren wie das Programm einer naturwissenschaftlichen Anthropologie die praktischen Imperative einer kritischen Gesellschaftstheorie zu blockieren vermag.

2.

> »Der Begriff des Menschen, wie er sich aus der Theorie Freuds ergibt, ist wohl die unwiderleglichste Anklage gegen die westliche Kultur – und zur gleichen Zeit die unangreifbarste Verteidigung eben dieser Kultur.« [73]

2.1. Eine Soziologie, die sich die anthropologische Fragestellung in der für Marx beschriebenen Weise aneignet, wird also nicht leugnen, daß mit anthropologischen Konstanten zu rechnen ist, die gleichsam Rahmenbedingungen des Geschichtsprozesses festlegen, aber sie wird sich vor endgültigen Aussagen darüber hüten, wo die Grenze liegt zwischen den unaufhebbaren Naturgesetzen und – in den Worten von Marx – den historisch variablen Formen, in denen sie sich durchsetzen. Die alte Anlage-Umwelt-Kontroverse bricht damit wieder auf – wenn auch verschoben auf die Ebene Natur – Geschichte. Soziologisches Fragen wird eine anthropologische Position suchen, die zwischen Variabilität und Invariabilität der menschlichen Naturbasis vermittelt, und wird sich durch die Unentschiedenheit dieser Fragestellung in besonderem Maße auf historische Praxis verwiesen fühlen, um sich von ihr die Experimentalbedingungen zur Verifizierung bzw. Falsifizierung anthropologisch begründeter Praxisvorstellungen stellen zu lassen. Freuds Psychoanalyse hat sich einer solchen, einem experimentellen Praxisbegriff zugeschnittenen, Anthropologie in einem erst von Habermas in *Erkenntnis und Interesse* gebührend gewürdigten Maße angenähert (s. u. Anm. 97).
Die Konfrontation mit der anthropologischen Relevanz der Freudschen Psychoanalyse gehört zu den eindrucksvollsten, dabei ebenso unfreiwilligen wie unliebsamen Erfahrungen, welche die erste Begegnung mit der Psychoanalyse der Sozio-

logie eintrug. Freud beschrieb den Menschen in Kategorien, die sexuelle Tabus angriffen, die auch die Soziologen in ihrer Mehrheit nicht in Frage gestellt sehen wollten [74]. Freilich gab es noch einen anderen – wissenschaftsimmanenten – Grund, der den Widerstand der Soziologie gegen die Psychoanalyse hervorrief – und sich glänzend zur Rationalisierung der Widerstände eignete, die wissenschaftsimmanent nicht zu rechtfertigen waren. Der Triebdualismus, der dem oberflächlichen Betrachter anfangs eher als ein Triebmonismus erscheinen mußte und für eine kurze Zeit ja auch tatsächlich in einen solchen umzuschlagen drohte, wurde von der jungen akademischen Disziplin, die an harmlose pluralistische Triebkonzeptionen gewöhnt war [75], als unmittelbare Einschränkung ihres spezifischen Erkenntnis- und Legitimationsanspruchs erlebt. Bezeichnenderweise hat der Triebmonismus Alfred Adlers nie ein ähnliches Aufsehen unter Soziologen zu erregen vermocht.

Wo die genannten Widerstände ein gründlicheres Studium Freuds nicht gänzlich verhinderten, wandte man sich rasch seinen persönlichkeitstheoretischen Einsichten in die psychischen Abwehrmechanismen zu, indem man sie von ihren triebtheoretischen Grundlagen loslöste und – auf diese Weise formalisiert – mit anderen motivationstheoretischen Konzeptionen verknüpfte [76].

Die Abwehr der Freudschen Triebtheorie fand ihren Höhepunkt in dem in den zwanziger Jahren vorherrschenden »environmentalism«, der vor allem von der Psychologie und der Kulturanthropologie getragen wurde, die sich – von dem Triebdeterminismus Freuds abgesehen – durch die Hypothese der phylogenetischen Universalität des Ödipuskomplexes herausgefordert fühlte [77]. Infolge der mit der Überwindung des Triebdeterminismus verbundenen Neutralisierung und Formalisierung der Antriebskategorien verlagerte sich die Aufmerksamkeit auf die energieökonomische Theorie der Freudschen Metapsychologie, die von der Umsetzung und Verschiebung neutralisierbarer psychischer Energie handelte, ein Modell, das den Annahmen der Plastizität und Variabilität der menschlichen Naturbasis entgegenkam.

Die Abwehr der Freudschen Triebtheorie und der phylogenetischen Theorie des Ödipuskomplexes förderte – immer in der gleichen konservativen Richtung – die Entdeckung der

»soziologischen« Dimension der Freudschen Lehre: Die Kulturanthropologie und die allmählich aus ihr sich herausbildende Kultur-Persönlichkeits-Forschung sahen die revolutionierende wissenschaftliche Leistung der Psychoanalyse in der Erweiterung der Einsicht in den Prozeß des »social heritage« [78], durch den eine spezifische historisch-gesellschaftlich geprägte Realität von Generation zu Generation sich fortpflanzt.
Wurde die erste Begegnung mit psychoanalytischer Anthropologie der Soziologie von der Psychoanalyse aufgedrängt, so wurde die zweite von der Soziologie gesucht, wobei die Unterschiedlichkeit der Freud-Rezeptionen und -Interpretationen zum Ausdruck bringt, daß die Anlage-Umwelt-Problematik mit der Reaktion des »environmentalism« noch lange nicht erledigt war und die Soziologie aus dieser Kontroverse sich auch weiterhin nicht heraushalten konnte.
Die Freud-Interpretation Talcott Parsons', der die Einsichten der Freudschen Psychoanalyse einem letztlich rein sozialtechnischen Erkenntnisinteresse an der Stabilisierung der bestehenden Gesellschaftsstruktur dienstbar macht, zeichnet sich aus durch den Protest gegen die »Biologisierung« Freuds [79]. Parsons versucht nachzuweisen, daß Freud den triebdeterministischen Ansatz durch eine – freilich auf den Bereich der Familie beschränkte – Theorie der sozialen Objektbeziehungen überwindet, deren Hauptleistung er – die Freud-Interpretation der Kulturanthropologie fortführend – darin erblickt, daß sie die Mechanismen erhellt, die die Perpetuierung des sozialstrukturellen status quo gewährleisten [80]. Dieser Interpretation unterliegt eine Tendenz zur Entmaterialisierung und Entsubjektivierung des Persönlichkeitssystems, die die über vorhandene soziale Gegebenheiten hinausdrängenden Bedürfnisansprüche und -interpretationen des Individuums aus der Theorie herausnimmt [81]; sie wird einer Anthropologie nutzbar gemacht, die – Reflex und Bestätigung einer gesellschaftlichen Verfassung, die die manifeste Herrschaft des liberal-kapitalistischen Staates durch die bis in die Tiefenschichten der Persönlichkeit reichenden Zwänge einer technischen Verwaltung (Habermas) ersetzt hat – die menschliche Natur als mit der Gesellschaft versöhnt erscheinen läßt, ihren gegenwärtigen Zustand fortgeschrittener Entfremdung als natürlich verabsolutierend.

Theodor W. Adorno und Herbert Marcuse werten dagegen gerade die Triebtheorie als den wichtigsten Beitrag Freuds, weil sie es erlaube, die Spuren von Herrschaft und Unterdrückung in bis dahin unerschlossene Tiefenbereiche des Individuums zu verfolgen, in denen die Wurzeln einer Gesellschaft liegen, die sich – hinter ihren objektiven Möglichkeiten zurückbleibend – hartnäckig gegen strukturelle Änderungen sträubt. Der Verbindung psychoanalytischer und soziologischer Kategorien, wie sie die Freud-Rezeption der soziologischen Theorie Parsons' und des »Neo-Freudianischen Revisionismus« (H. Marcuse) kennzeichnet, wird vorgehalten, daß sie Tiefenpsychologie durch eine Ich-Psychologie ersetzt, die die Wechselwirkung von innerer und äußerer Welt an die Oberfläche verlagert [82].

Kritisiert wird die Triebtheorie, weil sie – »aus historischen Zufällen biologische Notwendigkeiten« machend [83] – Kultur und Unterdrückung gleichsetzt [84], Unfreiheit zur anthropologischen Invariante erhebt [85]. Diese Kritik aber hebt für Marcuse »die Wahrheit nicht auf, die in Freuds Verallgemeinerung enthalten ist: die Tatsache nämlich, daß *allen* historischen Formen des Realitätsprinzips in der Kultur eine verdrängende (unterdrückende) Organisation der Triebe zugrunde liegt« [86].

In der Kritik der Freudschen Triebtheorie sind sich die verschiedenen Richtungen kritisch-emanzipatorischer Geschichts- und Gesellschaftsauffassung einig, nicht aber in der Einschätzung ihres progressiven Gehaltes. Für Herbert Marcuse bedarf es, um Freuds Theorie für einen emanzipatorischen Praxisbegriff fruchtbar zu machen, lediglich einer »Extrapolation«, die erhellt, daß »der ›unhistorische‹ Charakter der Freudschen Begriffe ... die Elemente seines Gegenteils ...« enthält, »die aus Freuds Theorie Gedanken und Lehrsätze ableitet, die in ihr nur in einer verdinglichten Form enthalten sind, in der historische Prozesse als natürliche (biologische) erscheinen« [87].

Nach der Interpretation Klaus Horns [88], eines der wohl einflußreichsten jüngeren Repräsentanten der »psychoanalytischen Sozialpsychologie«, die den Auftrag der Kritischen Theorie aufgegriffen hat, die Psychoanalyse für eine materialistische Geschichtsauffassung fruchtbar zu machen [89], muß man sich von der unhistorischen Anthropologie Freuds ab-

und der ichpsychologischen Theorie der Abwehrstrukturen zuwenden, will man das emanzipatorische Moment der Psychoanalyse erfassen und explizieren; auf der Ebene der psychischen Abwehrmechanismen, mittels derer das Ich die je nach den spezifischen historisch-ökonomischen Bedingungen unterschiedlichen Spannungen zwischen Individuum und Gesellschaft auf irrationale Weise zu lösen versucht, sieht er im Rahmen der Psychoanalyse die einzige Möglichkeit für historischen Wandel und damit den genuinen psychoanalytischen Ansatzpunkt jenes aufklärerischen Erkenntnisinteresses, das von Habermas formuliert wurde als »Erfahrung der Emanzipation durch kritische Einsicht in Gewaltverhältnisse, deren Objektivität allein daher rührt, daß sie nicht durchschaut sind« [90].

Die »Kritik psychoanalytischer Gedanken von links« schließlich, wie sie Peter Brückner, Thomas Leithäuser und Werner Kriesel [91] vorgebracht haben, schlägt in beide Richtungen: gegen die anthropologische Frontlinie – an anderer Stelle spricht Brückner vom »apriorisch-anthropologischen Spuk« der Psychoanalyse [92] –, die die Funktion der Herrschaftsapologetik ausübt, und gegen einen über die spezifische Aufklärungsleistung der Psychoanalyse nicht hinausreichenden Begriff der Emanzipation, der sich darauf beschränkt, »in beharrlicher Analyse zu erforschen, wieviel zu zeigen ihm seine Welt eigentlich gestattet« und darüber die »Nötigung« vergißt, »der ›Welt‹ einen größeren Raum hierfür abzugewinnen«, weil »sie ihn freiwillig nicht hergibt«:

»Der Psychoanalytiker lehrt uns, daß kritisches Bewußtsein entfaltet, die Selbstverborgenheit des beschädigten Menschen aufzuheben wäre, wenn der gegebene Zustand wirklich überwunden werden soll; wir fügen hinzu: Zugleich gilt es, die spätkapitalistische Gesellschaft (wie jede, die mit ihr Merkmale von überflüssiger Herrschaft, von abstrakter Arbeit und Entfremdung gemeinsam hat) strukturell, also ökonomisch wie politisch, zu verändern« [93].

Eben um jenes affirmativen Moments willen, dessentwegen die Vertreter der Kritischen Gesellschaftstheorie sich gegen die Triebtheorie Freuds verwahren, erscheint sie der Anti-Kritik als unentbehrliche Argumentationsgrundlage, wenn es darum geht, revolutionäre Praxis unter Berufung auf Wissenschaft im Ansatz abzuschneiden oder zu hemmen. So schreibt z. B. selbst ein so liberaler Denker wie Karl-Hermann Flach in einer Auseinandersetzung mit den »Kinderkrankheiten der Linksradikalen« unter dem Stichwort: »Sie ignorieren Freud«:

»Was bei den jungen Linken ... verblüfft und wirklich bedenklich stimmt, ist ihre Ignoranz gegenüber der modernen Psychologie, die uns längst gelehrt hat, daß es gewisse Triebkräfte im Menschen gibt, die unabhängig von der Gesellschaftsordnung die menschliche Psyche bestimmen. Man kann oder mag versuchen, sie zu analysieren oder zu domestizieren, aber die Verhaltensforschung hat längst erwiesen, daß ein menschlicher Trieb, wie etwa die Aggression, eine autonome Rolle in der menschlichen Psyche und damit auch in der menschlichen Gesellschaft spielt. Wie die alten Marxisten ignorieren auch die jungen Weltverbesserer Freud in einer Weise, wie sie sonst eigentlich nur die reaktionäre Weltschau des von der Linken so verhaßten Kleinbürgers vermag.« [94]

2.2. Die Inanspruchnahme Freuds für praxishemmende und -fördernde anthropologische Positionen geht zurück auf die Zwiespältigkeit seines Erkenntnisinteresses, die auch seine Anthropologie in einem Zwielicht erscheinen läßt. Die Entwicklung der Psychoanalyse als einer methodischen Anleitung zur Selbstreflexion (Habermas) verdankt sich dem aufklärerisch-emanzipatorischen Erkenntnisinteresse, zur Befreiung des Menschen von undurchschauten Abhängigkeiten beizutragen; davon mag wohl auch bereits Freuds frühe Neigung zur Beschäftigung mit kulturellen Problemen bestimmt gewesen sein, welche die im klinischen Zusammenhang entwickelte Methode der Selbstreflexion schließlich durch eine kritische Kultur- und Gesellschaftstheorie ergänzte; sie sollte individuelles Leiden lindern, indem sie die Menschen in die Lage versetzt, die abgespaltenen unbewußten Motive als Ergebnis gesellschaftlich erzwungenen Verzichts zu erkennen, den irrational zustande gekommenen Kulturgehorsam durch einen rational begründeten zu ersetzen und die mit Schuldgefühlen bezahlte Kulturfeindlichkeit auf die ungerechte Verteilung des ökonomischen Mangels zurückzuführen [95].
Neben dem emanzipatorisch-gesellschaftskritischen Interesse Freuds an kulturellen Problemen machte sich aber ebenfalls schon sehr früh – in Reaktion auf die spekulative Naturphilosophie Schellings, der er auf dem Gymnasium angehan-

gen hatte [96] – ein vom zeitgenössischen Positivismus geprägtes naturwissenschaftliches Interesse geltend [97], von dem Art und Richtung, in der sich die kulturtheoretischen Überlegungen und der an sie sich knüpfende Praxisbegriff entwickelten, nicht unberührt blieben; es entfaltete sich in der langjährigen intensiven Forschungstätigkeit am physiologischen Institut Brückes, die der Entwicklung psychoanalytischer Therapie und Theorie vorausging. Später, als die *klinische Praxis* Freud einen zunehmend sich erweiternden Einblick in die seelischen Prozesse verschaffte, entwickelte sich daraus ein von der Therapie und der ursprünglich mit ihr verbundenen emanzipatorischen Intention sich ablösendes und verselbständigendes objektivistisches Interesse an der Konzipierung einer naturwissenschaftlich begründeten Theorie des psychischen Systems, die er als Metapsychologie von den anderen Teilen seines Werkes abhob.
Im Jahre 1930, in der Ansprache zur Verleihung des Goethe-Preises, die er von seiner Tochter verlesen ließ, bezeichnete Freud die metapsychologische Theoriebildung rückblickend als sein primäres Lebensziel:

»Meine Lebensarbeit war auf ein einziges Ziel eingestellt. Ich beobachtete die feineren Störungen der seelischen Leistungen bei Gesunden und Kranken und wollte aus solchen Anzeichen erschließen ... oder ... erraten ..., wie der Apparat gebaut ist, der diesen Leistungen dient und welche Kräfte in ihm zusammen- und gegeneinander wirken.« [98]

Fünf Jahre später dagegen – in seiner »Nachschrift zur Selbstdarstellung« – beschreibt er diese »Lebensarbeit« als einen »lebenslangen Umweg«, der ihn schließlich zurückführte zu den kulturellen Problemen, »die dereinst den kaum zum Denken erwachten Jüngling gefesselt hatten« [99].

2.2.1. Sein vom Objektivismus des zeitgenössischen Positivismus geprägtes empirisch-analytisches Erkenntnisziel führte Freud rasch zu Fragestellungen einer naturwissenschaftlichen Anthropologie – im Sinne einer wissenschaftlichen Disziplin, die es unter biologischem Gesichtspunkt mit dem Menschen zu tun hat. Dabei konfrontiert ihn die Beschäftigung mit Therapie und Theorie der Neurosen unmittelbar mit der Anlage-Umwelt-Problematik; er bleibt zunächst der Frage verhaftet, welcher Seite das Primat zukommt, wobei er sich abwechselnd für die akzidentellen bzw. konstitutionellen Faktoren ausspricht. Recht bald freilich erkennt er die Unentscheidbarkeit dieses Streits; er relativiert die Positionen, die im Rahmen dieser Kontroverse eingenommen werden, indem er sie von ihrem Erkenntniszweck abhängig macht:

»Es ist nicht leicht, die Wirksamkeit der konstitutionellen und der akzidentellen Faktoren in ihrem Verhältnis zueinander abzuschätzen. In der Theorie neigt man immer zur Überschätzung der ersteren, die therapeutische Praxis hebt die Bedeutsamkeit der letzteren hervor.« [100]

Zwar bleibt die Anlage-Umwelt-Problematik für Freud von Wichtigkeit, wozu auch seine charakteristische Vorliebe beiträgt, die Komplexität der Realität auf Dualismen zu reduzieren; aber das Muster, nach dem die Dualismen gemäß seiner neuen Auffassungsweise sich in der Realität ausprägen, bildet die »Ergänzungsreihe« [101], die sich eben durch die stets wechselnde »relative primacy« auszeichnet. In ähnlicher Weise paßt er später die dualistische Triebtheorie durch das Modell der Triebmischung der Realität an. Hinter diesen Korrekturen deutet sich eine Aufmerksamkeitsverlagerung auf die Frage an, in welcher Weise die Möglichkeiten der *sozialen* Verhaltensdeterminierung genutzt, ob etwa eine konstitutionelle Disposition zur Neurose oder der Destruktionstrieb durch Einwirkung der Umwelt gefördert oder gehemmt werden. Erst in der psychoanalytischen Praxis stellt sich heraus, wo jeweils die Grenze zwischen den konstitutionellen und akzidentellen Anteilen liegt, wie weit zum Beispiel die konstitutionell gesetzten libidinösen Triebansprüche reichen, von deren Erfüllung abhängt, ob es zu einer Triebmischung kommt, in der die destruktive Energie des Aggressionstriebs in konstruktive Aktivität umgewandelt werden kann.
Die Lösung des Anlage-Umwelt-Problems prägt auch die Konzeption des Es, der ontogenetisch wie phylogenetisch ältesten psychischen Organisation. Es wird definitionsgemäß allein von konstitutionellen Faktoren bestimmt: »sein Inhalt ist alles, was ererbt, bei Geburt mitgebracht, konstitutionell festgelegt ist, vor allem also die aus der Körperorganisation

stammenden Triebe ...« [102]. Ontogenetisch kann das Es also nicht verändert werden; dennoch soll es nicht invariabel sein. Freud läßt die Möglichkeit der phylogenetischen Modifizierung des Es auf dem Wege über die Ich-Erfahrungen zu, *erweitert also die Dimension der sozialen Determinierung um das historische Moment:*

»Auch darf man den Unterschied von Ich und Es nicht zu starr nehmen, nicht vergessen, daß das Ich ein besonders differenzierter Anteil des Es ist. Die Erlebnisse des Ichs scheinen zunächst für die Erbschaft verloren zu gehen, wenn sie sich aber häufig und stark genug bei vielen generationsweise aufeinanderfolgenden Individuen wiederholen, setzen sie sich sozusagen in Erlebnisse des Es um, deren Eindrücke durch Vererbung festgehalten werden.« [103]

Diese Konzeption des Es bringt menschliche Natur und Geschichte gleichsam in das Modell der »Ergänzungsreihe« ein; sie eröffnet die Möglichkeit, den *psychoanalytischen Praxisbegriff*, der die Bedeutung und Reichweite der akzidentellen Faktoren der praktischen Bewährungsprobe aussetzt, unmittelbar zu einem Begriff *gesellschaftlich-geschichtlicher Praxis* zu verlängern, der in analoger Weise auf das kontrollierte *historische Experiment* verweist.
Im Rahmen der metapsychologischen Theorie hat Freud diese Möglichkeit nicht wahrgenommen. Aus der Einsicht, daß die Gewichtung der konstitutionellen und akzidentellen Faktoren vom jeweiligen Erkenntniszweck abhängig ist, und der Entscheidung, für die Zwecke psychoanalytischer Praxis die Bedeutsamkeit der akzidentellen Faktoren zu unterstreichen, folgt nicht – verhindert durch die Zwiespältigkeit des Erkenntnisinteresses – jene Verbindung psychoanalytischer Theorie und Praxis, die beide dem gleichen, emanzipatorischen Erkenntniszweck unterstellt und die Theorie so konzipiert, daß sie verändernde soziale Praxis ermutigt. Stattdessen deutet sich die umgekehrte Tendenz an: die psychoanalytische Therapie droht unter den Einfluß eines Praxisbegriffs zu geraten, der die emanzipatorische Methode der Selbstreflexion in eine Technik der Verfügung über den seelischen Apparat transformiert, diesem nicht kritische Distanz gegenüber der Realität verschafft, sondern ihn an die Gegebenheiten anpaßt.

2.2.2. Die theoretischen Schriften zur Psychopathologie und allgemeinen Psychologie schränken die Bedeutung des Umwelteinflusses zugunsten der biologischen Konstituentien ein. Bis zum Jahre 1905 hatte Freud die Neurosen hauptsächlich auf umweltbedingte Störungen des psychosexuellen Entwicklungs- und Reifeprozesses zurückgeführt, also auf exogene Schädigungen der Konstitution, die die latente frühkindliche Sexualität in ihrer polymorphen Perversität allererst aktualisieren und problematisieren. Mit den »Drei Abhandlungen zur Sexualtheorie«, in denen eine spontane frühkindliche Sexualbetätigung angenommen wird, die je nach Stärke der Triebkonstitution und Erfolg der ebenfalls weitgehend konstitutionell bedingten Verdrängungsprozesse eine pathologische oder gesunde Entwicklung einschlägt, wird eine Wende eingeleitet, die die Ursache für Neurosen im besonderen, individuelles Leiden an der Gesellschaft im allgemeinen, auf eine naturbedingte Kulturungeeignetheit und -feindlichkeit zurückführt.

Es darf nicht der Eindruck entstehen, als bleibe diese Veränderung der Perspektive auf die metapsychologischen Schriften beschränkt; sie gewinnt aber – darauf kommt es uns an – im Rahmen der kulturtheoretischen Überlegungen Freuds einen anderen Stellenwert, der sie relativiert und korrigiert.

Die menschliche Sexualkonstitution wird so definiert, daß nicht nur der Ausgleich zwischen sexuellen Ansprüchen und Anforderungen der Kultur unmöglich, sondern sexuelle Frustration in ihr selbst angelegt ist:

»So müßte man sich vielleicht mit dem Gedanken befreunden, daß eine Ausgleichung der Ansprüche des Sexualtriebes mit den Anforderungen der Kultur überhaupt nicht möglich ist, daß Verzicht und Leiden sowie in weitester Ferne die Gefahr des Erlöschens des Menschengeschlechts infolge seiner Kulturentwicklung nicht abgewendet werden können ... Ich glaube, man müßte sich ... mit der Möglichkeit beschäftigen, daß etwas in der Natur des Sexualtriebes selbst dem Zustandekommen der vollen Befriedigung nicht günstig ist ...« [104]. »Manchmal glaubt man zu erkennen, es sei nicht allein der Druck der Kultur, sondern etwas am Wesen der Funktion selbst versage uns die volle Befriedigung und dränge uns auf andere Wege« [105].

Die Erklärung scheint Freud in der evolutionsbedingten Aufrichtung des Menschen und der Entwertung des Geruchssinns zu liegen, durch die die gesamte Sexualität »ein Opfer der organischen Verdrängung« geworden sei, »so daß seither die sexuelle Funktion von einem nicht weiter zu begründenden Widerstreben begleitet wird, das eine volle Befriedigung verhindert und vom Sexualziel wegdrängt zu Sublimierungen und Libidoverschiebungen ... So ergäbe sich als tiefste Wurzel der mit der Kultur fortschreitenden Sexualverdrängung die organische Abwehr der mit dem aufrechten Gang gewonnenen neuen Lebensform gegen die frühere animalische Existenz. ...« [106].

Die bisexuelle Veranlagung des Menschen erzeugt Wünsche, die sich gegenseitig stören; die Entwicklung der frühkindlichen psychosexuellen Phasen zeichnet sich dadurch aus, daß bei jedem Übergang in eine neue Phase ein Teil der libidinösen Objektbesetzungen des zuvor dominierenden Partialtriebes wirksam bleibt; unter dem Primat des Genitaltriebes bleiben die Partialtriebe der Versagung unterworfen und infolgedessen mit Antriebsüberschuß belastet, weil ihnen nur eng begrenzte Befriedigungsmöglichkeiten als Hilfsaktivitäten zur Vorbereitung genitaler Befriedigung belassen werden. Während der Latenzzeit setzt ein organisch bedingter Verdrängungsschub ein, obgleich die Produktion sexueller Erregung anhält; dem Sexualtrieb des Erwachsenen wird eine solche Stärke zugesprochen, daß er notwendig teilweise für nicht-sexuelle Aktivitäten eingesetzt, d. h. sublimiert werden muß, obgleich die Sublimation »Anlagen und Begabungen« voraussetzt, »die nur wenigen Menschen zugänglich« sind [107]. Zudem wird ein großer Teil des Sublimierungsaufwandes für die Überwindung der als natürlich angenommenen Arbeitsscheu abgezogen; umgekehrt setzt die Definition der Sublimierung Versagung als Bedingung der Kultur voraus.

Die Konzeption des Sexualtriebs trägt nicht nur zur Bestätigung der Naturnotwendigkeit menschlichen Leidens an der Gesellschaft und unabhängig von Gesellschaft bei, sondern läßt auch ein Moment von Kulturfeindlichkeit in die biologische Ausstattung des Menschen eingehen, so daß die Unvermeidlichkeit kultureller Triebunterdrückung eine weitere Begründung findet. Das Sexualbedürfnis steht der Vereinigung einer Vielzahl von Menschen im Wege, weil es seinem Wesen nach in dem privatistischen, gegen Außenstehende gerichteten Zusammenschluß zweier Individuen seine Erfüllung findet; zudem schafft es ständig Motive der Eifersucht und der Aggression.

Vor allem aber spricht Freud den oralen und analen Partialtrieben eine aggressive Komponente zu, deren Ausdrucksspektrum von der Tendenz der Objektbemächtigung bis zur Objektvernichtung reicht. Obgleich ihm deutlich ist, daß diese frühe Manifestation spontaner Aggression nicht notwendig von subjektiver Feindseligkeit begleitet sein muß, versäumt er es, aus dem Streben nach Objektbemächtigung eine auf kognitive und aktiv-verändernde Auseinandersetzung mit der Umwelt drängende Form konstruktiver Aggression abzuleiten, wie das neuere psychoanalytische Triebtheoretiker getan haben [108]. Seine Aggressionskonzeption beschränkt sich auf die Akzentuierung des destruktiven Aspekts; als Prototyp spontaner Aggression gilt ihm der Sadismus.

Um die gegen den Ansturm der sexuellen Triebe gerichteten psychischen Abwehrleistungen des Ichs zu erklären, postuliert Freud zunächst einen Gegentrieb, den er als Ich- oder Selbsterhaltungstrieb bezeichnet. Er ist die Quelle des egoistischen, nicht-libidinösen Interesses. Später wird ihm die zuvor dem Sexualtrieb zugerechnete Aggressionskomponente zugeschrieben. Allerdings wird die Aggression in diesem Fall nicht spontan erzeugt, sondern reaktiv: Freud nimmt an, daß die Ich-Triebe eine aggressive Wendung nehmen, wenn sie auf äußere Widerstände stoßen, die der Durchsetzung ihrer Ansprüche im Wege stehen. Hier liegt ein Ansatzpunkt zur Überwindung der Hypothese einer spontan-endogenen Destruktionstendenz, der von ihren Gegnern aufgegriffen und weiterentwickelt, von Freud aber nicht fortgesetzt und schließlich durch die Konzipierung eines autonomen Aggressionstriebs aufgehoben wurde.

Auch der Ichtrieb ist nicht imstande, die Menschen dauerhaft zu einigen, wenngleich er sie zu vorübergehender Kooperation veranlassen kann; wenn er Gelegenheit hat, sich ungehindert zu entfalten, macht er den Menschen zum autistischen Egoisten, dessen Rücksichtslosigkeit gegenüber seinen Mitmenschen nur an deren Nutzen zur Erreichung der eigenen utilitaristischen Ziele eine Grenze findet.

Die Konzeption des Ich- oder Selbsterhaltungstriebs bestätigt das Menschenbild der liberalistischen Gesellschafts- und Wirtschaftsauffassung, wie es sich als Reflex der privatwirtschaftlich organisierten, auf dem Prinzip der freien Konkurrenz beruhenden bürgerlich-kapitalistischen Gesellschaft entwickelt hat. Dieser Gesellschaftsauffassung entspricht auch die mit der Triebtheorie verbundene, in den kulturtheoretischen Schriften Freuds sich ausdrückende individualistisch-psychologische Geschichtskonzeption, nach der Geschichte aus der einheitlichen psychischen Natur der Individuen abgeleitet wird [109].
Von daher bestimmt sich auch die Rolle, die Freud der Psychologie im Rahmen der Wissenschaften zuschreibt:

»Streng genommen gibt es ja nur zwei Wissenschaften, Psychologie, reine und angewandte, und Naturkunde ... Denn auch die Soziologie, die vom Verhalten der Menschen in der Gesellschaft handelt, kann nichts anderes sein als angewandte Psychologie.« [110]

Mit dieser Behauptung will Freud der Herausforderung durch Marx begegnen, wobei die formale Nähe zu der Stelle verblüfft, an der Marx und Engels in der »Deutschen Ideologie« von der »einzigen Wissenschaft« sprechen:

»Wir kennen nur eine einzige Wissenschaft, die Wissenschaft der Geschichte. Die Geschichte kann von zwei Seiten aus betrachtet, in die Geschichte der Natur und die Geschichte der Menschen abgeteilt werden. Beide Seiten sind indes nicht zu trennen; solange Menschen existieren, bedingen sich Geschichte der Natur und Geschichte der Menschen gegenseitig.« [111]

Psychologie und Naturkunde, Geschichte der Menschen und Geschichte der Natur – sie nennen Freud und Marx die »einzigen« Wissenschaften; ihr Praxisbegriff hängt davon ab, in welcher Weise beide Wissenschaften Geschichte und Natur aufeinander beziehen.
Seine Vollendung erhält das Freudsche Bild von der Kulturfeindlichkeit des Menschen ab 1920 mit der Einführung eines autonomen, zunächst abgeleiteten, sekundär sich verselbständigenden, dann primären Aggressionstriebs. Auf die so begründete Aggressivität führt Freud im wesentlichen jene Leidensquelle des Menschen zurück, die ihm »aus den Beziehungen zu anderen Menschen« erwächst:

»Das Leiden, das aus dieser Quelle stammt, empfinden wir vielleicht schmerzlicher als jedes andere; wir sind geneigt, es als eine gewissermaßen überflüssige Zutat anzusehen, obwohl es nicht weniger schicksalsmäßig unabwendbar sein dürfte als das Leiden anderer Herkunft«,

das vom eigenen Körper und der Außenwelt stammt [112].
Einen Ausweg aus dieser Anthropologie der Kulturfeindlichkeit weist das *Modell der Triebmischung*; es erlaubt den Schluß, daß unter anderen gesellschaftlichen Bedingungen der Triebbefriedigung eine Triebmischung möglich ist, in der die libidinösen Triebe die Aggressionstriebe in ihren Dienst nehmen, ihr destruktiv gerichtetes Antriebspotential in konstruktive Energie umsetzend.
Die Tendenz zur Ontologisierung des Gegensatzes zwischen menschlicher Natur und Kultur wird von einer anderen Seite her unterstützt: von der Vorliebe Freuds, ontogenetisch abgeleitete psychische Phänomene in die Phylogenese zu verlagern und damit in den Rang der Universalität zu heben, so daß zirkelschlüssig die phylogenetische Hypothese die ontogenetische Universalität, die ontogenetische Universalität die phylogenetische Hypothese »beweist« [113]; in solcher Vorliebe drückt sich das Mißtrauen Freuds gegenüber seinen eigenen Einsichten in die Reichweite der Umweltdeterminierung aus.
Nach diesem Verfahren werden ontogenetische Konflikte, wie der ödipale Konflikt, und gesellschaftlich erzwungene individuelle Verzichtleistungen und Abwehrmechanismen, wie der Aufbau von Schuld- und Schamgefühlen, zu Stadien der phylogenetischen Entwicklung erklärt, die als archaisches Erbe die ontogenetische Entwicklung prädeterminieren: In den »Drei Abhandlungen zur Sexualtheorie« spricht Freud die Behauptung aus, daß die »die Sexualentwicklung eindämmenden Mächte – Ekel, Scham und Moralität – ... auch als historische Niederschläge der äußeren Hemmungen« angesehen werden können, »welche der Sexualtrieb in der Psychogenese der Menschheit erfahren hat ...« [114]:

»Während ... (der) Periode totaler oder partieller Latenz werden die seelischen Mächte aufgebaut, die später dem Sexualtrieb als Hemmnisse in den Weg treten und gleichwie Dämme seine Richtung beengen werden (der Ekel, das Schamgefühl, die ästhetischen und moralischen Idealforderungen). Man gewinnt beim Kulturkinde den Eindruck, daß der Aufbau dieser Dämme ein Werk der Erziehung ist, und sicherlich tut die Erziehung viel dazu. In Wirklichkeit ist diese Entwicklung eine organisch bedingte, hereditär fixierte und kann sich gelegentlich ganz ohne Mithilfe der Erziehung herstellen. Die Erziehung verbleibt durchaus in dem ihr angewiesenen Machtbereich, wenn sie sich darauf beschränkt, das organisch Vorgezeichnete nachzuziehen und es etwas sauberer und tiefer auszuprägen.« [115]

Von dieser Wendung der naturwissenschaftlichen Anthropologie Freuds, die einerseits die Naturnotwendigkeit menschlichen Unbehagens an der Kultur zusätzlich verabsolutiert, gleichzeitig aber die historische Determiniertheit der menschlichen Konstitution unterstreicht und damit die Ontologisierung der Kulturfeindlichkeit prinzipiell, wenn auch verschwiegen, wieder zurücknimmt, geht Herbert Marcuse aus, wenn er den revolutionären Gehalt der Psychoanalyse extrapoliert.

2.2.3. Die Relativierung der Ontologisierung durch Transposition ontogenetisch erworbener Triebabwehrleistungen in die Phylogenese, aufgrund derer die Kulturentwicklung »eher (als) ein zur Natur gewordener geschichtlich-gesellschaftlicher Prozeß« denn als »ein in die Geschichte verlängerter Naturprozeß« erscheint [116], läßt aber nicht ohne weiteres eine Deutung in progressiver Richtung zu; Freuds Äußerungen sind hier nicht eindeutig. Manchmal scheint es, als könne er sich eine Entwicklung vorstellen, bei welcher der in die Geschichte verlängerte Naturprozeß endlich zur Versöhnung von Individuum und Gesellschaft führt. In diesem Falle werden die in das Erbgut eingehenden ontogenetischen Abwehrleistungen nicht als Verdrängungen verstanden, sondern als auf einsichtsvoller Verurteilung und Verzicht beruhende Triebunterdrückung, als »Bändigung« des Triebes, bei der »der Trieb ganz in die Harmonie des Ichs aufgenommen, allen Beeinflussungen durch die anderen Strebungen im Ich zugänglich . . .« gemacht wird, so daß er »nicht mehr seine eigenen Wege zur Befriedigung geht« [117].
Wenn man annimmt, daß ein Teil dieser Leistungen als organischer Besitz, als biologisch garantierte Ich-Disposition, in die psychische Konstitution eingeht – »es bedeutet keine my-

stische Überschätzung der Erblichkeit, wenn wir für glaubwürdig halten, daß dem noch nicht existierenden Ich bereits festgelegt ist, welche Entwicklungsrichtungen, Tendenzen und Reaktionen es späterhin zum Vorschein bringen wird« [118] –, dann läßt sich daraus die Möglichkeit ableiten, daß die natürliche Kulturungeeignetheit und -feindlichkeit in einem allmählichen »Domestikationsprozeß« abgebaut und durch organisch bedingte Ich-Fähigkeiten und -Neigungen ersetzt wird, die Freud als »Kultureignung« bezeichnet [119]:

»Seit unvordenklichen Zeiten zieht sich über die Menschheit der Prozeß der Kulturentwicklung hin. (Ich weiß, andere heißen ihn lieber: Zivilisation) ... Vielleicht ist dieser Prozeß mit der Domestikation gewisser Tierarten vergleichbar; ohne Zweifel bringt er körperliche Veränderungen mit sich; man hat sich noch nicht mit der Vorstellung vertraut gemacht, daß die Kulturentwicklung ein solcher organischer Prozeß sei. Die mit dem Kulturprozeß einhergehenden psychischen Veränderungen sind auffällig und unzweideutig. Sie bestehen in einer fortschreitenden Verschiebung der Triebziele und Einschränkung der Triebregungen. Sensationen, die unseren Vorahnen lustvoll waren, sind für uns indifferent oder selbst unleidlich geworden; es hat organische Begründungen, wenn unsere ethischen und ästhetischen Idealforderungen sich geändert haben.« [120]

Vorläufig scheinen Freud aber die bereits in den organischen Besitz eingegangenen Anteile der »Kultureignung« gegenüber dem archaischen Erbe als so gering, daß der Mensch sich von den gesellschaftlichen Anforderungen zum Kulturgehorsam völlig überfordert und zur Kulturheuchelei gezwungen fühlen muß. Aber »die Aufrechterhaltung der Kultur auch auf so bedenklicher Grundlage (bietet) die Aussicht, bei jeder neuen Generation eine weitergehende Triebumbildung als Trägerin einer besseren Kultur anzubahnen« [121].
Die historische Modifizierung der Triebstruktur wird hier deutlich als Prozeß der Anpassung menschlicher Natur an die historisch bedingten gesellschaftlichen Erfordernisse der Zivilisation gedeutet, in dessen Verlauf die primären Ansprüche des Menschen reduzierten Ansprüchen weichen, die auf die vorhandenen Befriedigungsmöglichkeiten zugeschnitten sind.

2.3. In seinen kultur- und gesellschaftstheoretischen Reflexionen verwertet Freud die naturwissenschaftlich-anthropologischen Einsichten in die menschliche Verfassung dazu, die Frage nach Wesen und Zukunftsmöglichkeiten der Kultur zu beantworten, wobei die Anlage-Umwelt-Thematik – vorbereitet bereits durch seine Konzeption des Es und die phylogenetischen Hypothesen – auf die Ebene Natur – Geschichte transponiert wird. Seine Position ist zunächst nur schwer zu bestimmen, weil er – durch Antizipation von Einwänden oder im Dialog mit einem fiktiven Kontrahenten – ständig mit unterschiedlicher Gewichtung konservative und emanzipatorische Argumentationsweisen konfrontiert, um so gleichsam im mäeutischen Verfahren erst seinen eigenen Standpunkt sich herausschälen zu lassen.

2.3.1. Im Vordergrund steht die folgerichtige Verlängerung der mit der positivistisch geprägten empirisch-analytischen Theoriebildung verbundenen Tendenz zur Ontologisierung des Gegensatzes von menschlicher Natur und Kultur in einen *konservativen Praxisbegriff*, der nicht nur verändernde Praxis hemmt, sondern auch seine reaktionären Konsequenzen sichtbar werden läßt.
Die Gesellschaftsauffassung, die mit der Anthropologie der Kulturfeindlichkeit verknüpft ist, löst das Problem der sozialen Ordnung ähnlich wie Hobbes: Gesellschaft kann nicht anders denn als Zwangsverhältnis begriffen werden: rigorose soziale Kontrolle erscheint notwendig, um die Kultur vor dem Menschen und damit den Menschen vor sich selbst zu schützen; Kultur wird so definiert, daß sie die Brechung menschlicher Natur voraussetzt.
Diese Gesellschaftsauffassung wird deutlich in Freuds Überlegungen zum Kulturbegriff am Beginn seines Aufsatzes »Die Zukunft einer Illusion«; sie beginnen mit der folgenden Definition:

»Die menschliche Kultur ... zeigt dem Beobachter bekanntlich zwei Seiten. Sie umfaßt einerseits all das Wissen und Können, das die Menschen erworben haben, um die Kräfte der Natur zu beherrschen und ihr Güter zur Befriedigung der menschlichen Bedürfnisse abzugewinnen, andererseits all die Einrichtungen, die notwendig sind, um die Beziehungen der Menschen zueinander, und besonders die Verteilung der menschlichen Güter zu regeln. Die beiden Seiten der Kultur sind nicht unabhängig voneinander, erstens, weil die gegenseitigen Beziehungen der Menschen durch das Maß der Triebbefriedigung, das die vorhandenen Güter ermöglichen, tiefgreifend beeinflußt werden, zweitens, weil der einzelne Mensch selbst zu einem anderen in die Beziehung eines Gutes treten kann, insofern dieser seine Arbeitskraft benützt oder ihn zum Sexualobjekt nimmt, *drittens aber, weil jeder Einzelne virtuell ein Feind der Kultur ist, die doch ein allgemein menschliches Interesse sein soll.«* [122]

Im letzten Teil des Zitats setzt Freud die Kulturfeindlichkeit als einen der drei wichtigsten Faktoren ein, die die Beziehung der genannten zwei Seiten der Kultur – der Produktivkräfte und der Produktionsverhältnisse – bestimmen. Wenig später wird deutlich, wie das zu verstehen ist. Die angenommene Kulturfeindlichkeit – so wird der Gedankengang fortgesetzt – fordert, daß die Kultur sich vor dem Menschen schützt:

»Ihre Einrichtungen, Institutionen und Gebote stellen sich in den Dienst dieser Aufgabe; sie bezwecken nicht nur, eine gewisse Güterverteilung herzustellen, sondern auch diese aufrechtzuerhalten, ja sie müssen gegen die feindseligen Regungen der Menschen all das beschützen, was der Bezwingung der Natur und der Erzeugung von Gütern dient« [123].
»Wir haben von Kulturfeindseligkeit gesprochen, erzeugt durch den Druck, den die Kultur ausübt, die Triebverzichte, die sie verlangt. Denkt man sich ihre Verbote aufgehoben, man darf also jetzt zum Sexualobjekt jedes Weib wählen, das einem gefällt, darf seinen Rivalen beim Weib, oder wer einem sonst im Wege steht, ohne Bedenken erschlagen, kann dem anderen auch irgend eines seiner Güter wegnehmen, ohne ihn um Erlaubnis zu fragen, wie schön, welch eine Kette von Befriedigungen wäre dann das Leben. Zwar findet man bald die nächste Schwierigkeit. Jeder andere hat dieselben Wünsche wie ich und wird mich nicht schonender behandeln als ich ihn. ... Aber wie undankbar, wie kurzsichtig überhaupt, eine Aufhebung der Kultur anzustreben! Was dann übrigbleibt, ist der Naturzustand, und der ist weit schwerer zu ertragen. Es ist wahr, die Natur verlangte von uns keine Triebeinschränkung, sie ließe uns gewähren, aber sie hat ihre besonders wirksame Art uns zu beschränken, sie bringt uns um, kalt, grausam, rücksichtslos wie uns scheint ... Es ist ja die Hauptaufgabe der Kultur, ihr eigentlicher Daseinsgrund, uns gegen die Natur zu verteidigen.« [124]

Freud engt den Aufmerksamkeitsbereich also auf die Organisation gesellschaftlichen Zwangs ein:

»Man sollte meinen, es müßte eine Neuregelung der menschlichen Beziehungen möglich sein, welche die Quellen der Unzufriedenheit mit der Kultur versagen macht, indem sie auf den Zwang und die Triebunterdrückung verzichtet, so daß die Menschen sich ungestört durch inneren Zwist der Erwerbung von Gütern und dem Genuß derselben hingeben könnten. Das wäre das Goldene Zeitalter, allein es fragt sich, ob ein solcher Zustand zu verwirklichen ist. *Es scheint vielmehr, daß sich jede Kultur auf Zwang und Triebverzicht aufbauen muß;* es scheint nicht einmal gesichert, daß beim Aufhören des Zwanges die Mehrzahl der menschlichen Individuen bereit sein wird, die Arbeitsleistung auf sich zu nehmen, deren es zur Gewinnung neuer Güter bedarf. Man hat, meine ich, mit der Tatsache zu rechnen, daß bei allen Menschen destruktive, also antisoziale und antikulturelle Tendenzen vorhanden sind, und daß diese bei einer großen Anzahl von Personen stark genug sind, um ihr Verhalten in der menschlichen Gesellschaft zu bestimmen.
... *Ebenso wenig wie den Zwang zur Kulturarbeit kann man die Beherrschung der Masse durch eine Minderzahl entbehren,* denn die Massen sind träge und einsichtslos, sie lieben den Triebverzicht nicht, sind durch Argumente nicht von dessen Unvermeidlichkeit zu überzeugen und ihre Individuen bestärken einander im Gewährenlassen ihrer Zügellosigkeit. Nur durch den Einfluß vorbildlicher Individuen, die sie als Führer anerkennen, sind sie zu den Arbeitsleistungen und Entsagungen zu bewegen, auf welche der Bestand der Kultur angewiesen ist. Es ist alles gut, wenn diese Führer Personen von überlegener Einsicht in die Notwendigkeiten des Lebens sind, die sich zur Beherrschung ihrer eigenen Triebwünsche aufgeschwungen haben. Aber es besteht für sie die Gefahr, daß sie, um ihren Einfluß nicht zu verlieren, der Masse mehr nachgeben als diese ihnen, *und darum erscheint es notwendig, daß sie durch Verfügung über Machtmittel von der Masse unabhängig seien«* [125].

Mit dieser Aufmerksamkeitsverlagerung – auf die Organisation sozialen Zwangs – ist nach Auffassung Freuds eine Schwergewichtsverschiebung »vom Materiellen weg aufs Seelische« verbunden; die Organisation sozialen Zwangs ist für ihn ein geeignetes Anwendungsfeld der Psychologie, von der Aufschlüsse darüber zu erwarten sind, auf welche Weise sich die Kultur der psychischen Mechanismen bedient, um sich des individuellen Gehorsams zu versichern:

»Konnte man zunächst meinen, das Wesentliche an dieser (der Kultur – die Verf.) sei die Beherrschung der Natur zur Gewinnung von Lebensgütern und die ihr drohenden Gefahren ließen sich durch eine zweckmäßige Verteilung derselben unter den Menschen beseitigen, so scheint jetzt das Schwergewicht vom Materiellen weg aufs Seelische verlegt ...
Wir sind unversehens aus dem Ökonomischen ins Psychologische hinübergeglitten. Anfangs waren wir versucht, den Kulturbesitz in den vorhandenen Gütern und den Einrichtungen zu ihrer Verteilung zu suchen. Mit der Erkenntnis, daß jede Kultur auf Arbeitszwang und Triebverzicht beruht und darum unvermeidlich eine Opposition bei den von diesen Anforderungen Betroffenen hervorruft, wurde es klar, daß die Güter selbst, die Mittel zu ihrer Gewinnung und Anordnungen zu ihrer Verteilung nicht das Wesentliche oder das Alleinige der Kultur sein können. Denn sie sind durch die Auflehnung und Zerstörungssucht der Kulturteilhaber bedroht. *Neben die Güter treten jetzt die Mittel, die dazu dienen können, die Kultur zu verteidigen, die Zwangsmittel und andere, denen es gelingen soll, die Menschen mit ihr auszusöhnen und für ihre Opfer zu entschädigen.«* [126]

Freud hat erkannt, wie die Kultur die Individuen außer durch manifeste Zwangsmittel sich dadurch gefügig macht, daß sie ihnen die Bewältigung psychischer Spannungen durch das Angebot kollektiver Wunschphantasien und Projektionssymbole sowie die Institutionalisierung affektiver Spannungsbewältigung erleichtert und auf diese Weise die sozialen Spannungsursachen rationaler Einsicht entzieht. Die kulturellen Einrichtungen, die sich – neben den manifesten Zwangsmitteln – solcher psychischen Mechanismen bedienen, »um die Menschen mit ihr (der Kultur – die Verf.) auszusöhnen und für ihre Opfer zu entschädigen«, nennt Freud den »seelischen Besitz der Kultur« [127].
Freud gibt zu, daß er mit seinen Überlegungen »unversehens aus dem Ökonomischen ins Psychologische hinübergeglitten« ist. Eher läßt sich dieser Rekurs jedoch als eine vor den gegebenen sozio-ökonomischen Bedingungen kapitulierende Problemverschiebung deuten, als eine *Flucht in die Psychologie*. Die Auflösung der Soziologie in »angewandte Psychologie«, die Freud in dem oben angeführten Zitat (S. 39) anspricht, würde sich in diesem Zusammenhang reduzieren auf die Nutzbarmachung psychologischen Wissens durch ein sozialtechnisches Erkenntnisinteresse an der Stabilisierung der

bestehenden Gesellschaftsstruktur; am Beispiel Parsons' läßt sich das verfolgen. Dazu paßt die technologische Auffassung psychoanalytischer Therapie, die in Freuds Überlegung zum Ausdruck kommt, ob sich psychische Beeinflussung in Zukunft nicht wirksamer durch Psychopharmakologie ersetzen lasse:

»Die Zukunft mag uns lehren, mit besonderen chemischen Stoffen die Energiemengen und deren Verteilungen im seelischen Apparat direkt zu beeinflussen; ... vorläufig steht uns nichts besseres zu Gebote als die psychoanalytische Technik ...« [128].

Den Vergleich mit Hobbes legt Freud selber nahe:

»Homo homini lupus; wer hat nach allen Erfahrungen des Lebens und der Geschichte den Mut, diesen Satz zu bestreiten?«,

fragt er in »Das Unbehagen in der Kultur« [129]. Die Anleihe an Hobbes zeigt, wie eine historisch geprägte Theorie – Vorahnung und frühe Legitimierung der freien Konkurrenz – akzeptiert und übernommen wird, ohne nach ihrer historischen Bedingtheit zu fragen.
In der »Deutschen Ideologie« verweisen Marx und Engels zunächst ebenfalls auf Hobbes, um die »philosophische Mystifikation« der »wahren Sozialisten« abzutun, die von dem Gedanken ausgehen, »daß der Zwiespalt von Leben und Glück aufhören müsse«. Der wahre Sozialist nimmt »... die Natur zu Hülfe und unterstellt, daß in ihr dieser Zwiespalt nicht existiere, und hieraus schließt er, daß, da der Mensch ebenfalls ein Naturkörper sei und die allgemeinen Eigenschaften des Körpers besitze, für ihn dieser Zwiespalt ebenfalls nicht existieren dürfe. Mit viel größerem Rechte konnte Hobbes sein bellum omnium contra omnes aus der Natur beweisen ...« [130]. – Was aber Freud als Beleg für die universale Gültigkeit der Hobbes'schen These nimmt, entlarvt für Marx deren bloß historischen, klassenbedingten Charakter. Es gilt zwar auch für Marx »Ohne Gegensatz kein Fortschritt« – das aber, so schreibt er in »Das Elend der Philosophie«, »ist das Gesetz, dem die Zivilisation *bis heute* gefolgt ist. *Bis jetzt* haben sich die Produktivkräfte auf Grund dieser Herrschaft des Klassengegensatzes entwickelt«! [131] Hobbes' Diktum mag bis heute und bis jetzt gelten – es demonstriert kein

Naturverhältnis, wenn die Nähe zur animalischen Gesellschaft auch eng ist:

»Es ist merkwürdig, wie Darwin unter Bestien und Pflanzen seine englische Gesellschaft mit ihrer Teilung der Arbeit, Konkurrenz, Aufschluß neuer Märkte, ›Erfindungen‹ und Malthusschem ›Kampf ums Dasein‹ wiedererkennt. Es ist Hobbes' bellum omnium contra omnes ...« [132]

Freuds Drohung mit den menschlichen Naturgewalten, die den kulturellen Zwang als Heilmittel gegen eine fürchterliche Natürlichkeit erscheinen läßt, kommt dem Zusammenhang von Anthropologie und Praxisbegriff bei Gehlen nahe. Dort entspricht einer Theorie des »Mängelwesens« mit gefährlicher Weltoffenheit und Instinktentbindung eine rigorose Theorie der Institutionen. Anstelle einer Reflexion auf mögliche »Befreundung« [133] mit der Welt tritt das Postulat einer natürlichen Entfremdung, die zum Garanten menschlicher Selbstverwirklichung wird [134].
In seinen Auseinandersetzungen mit Kommunismus und Marxismus hat Freud, orientiert vor allem am Austromarxismus, seine Anthropologie selber als Instrument der Anti-Kritik eingesetzt, wobei er das Kennzeichnende zumindest der Marxschen *Utopie*, deren *Utopiequantum* durch den Einschuß an Skepsis deutlich begrenzt ist, völlig verfehlt. Im »Unbehagen in der Kultur« verteidigt er seine These von der natürlichen Aggressionslust und Arbeitsscheu des Menschen mit folgenden Worten:

»Die Kommunisten glauben den Weg zur Erlösung vom Übel gefunden zu haben. Der Mensch ist eindeutig gut, seinem Nächsten wohlgesinnt, aber die Einrichtung des privaten Eigentums hat seine Natur verdorben. ... Wenn man das Privateigentum aufhebt, alle Güter gemeinsam macht und alle Menschen an deren Genuß teilnehmen läßt, werden Übelwollen und Feindseligkeit unter den Menschen verschwinden. Da alle Bedürfnisse befriedigt sind, wird keiner Grund haben, in dem anderen einen Feind zu sehen; der notwendigen Arbeit werden sich alle bereitwillig unterziehen. *Ich habe nichts mit der wirtschaftlichen Kritik des kommunistischen Systems zu tun, ich kann nicht untersuchen, ob die Abschaffung des privaten Eigentums zweckdienlich und vorteilhaft ist. Aber seine psychologische Voraussetzung vermag ich als haltlose Illusion zu erkennen.* Mit der Aufhebung des Privateigentums entzieht man der menschlichen Aggressionslust eines ihrer Werkzeuge, gewiß ein starkes, und gewiß nicht das stärkste. An den Unterschieden von Macht und Einfluß, welche die Aggression für ihre Absichten mißbraucht, daran hat man nichts geändert, auch an ihrem Wesen nicht. Sie ist nicht durch das Eigentum geschaffen worden, herrschte fast uneingeschränkt in Urzeiten, als das Eigentum noch sehr armselig war ...« [136].

Freud bekennt sich zu einer *moralischen* Maxime, aus welcher trotzdem nur *Umverteilung*, keine *Aufhebung* des Privateigentums deduzierbar ist:

»Wer in seinen eigenen jungen Jahren das Elend der Armut verkostet, die Gleichgültigkeit und den Hochmut der Besitzenden erfahren hat, sollte vor dem Verdacht geschützt sein, daß er kein Verständnis und kein Wohlwollen für die Bestrebungen hat, die Besitzungleichheit der Menschen und was sich aus ihr ableitet, zu bekämpfen« [136].

Er verkennt damit den universalen Charakter der Aufhebung des Privateigentums, wie Marx ihn schildert:

»Das Privateigentum hat uns so dumm und einseitig gemacht, daß ein Gegenstand erst der *unsrige* ist, wenn wir ihn haben, also als Kapital für uns existiert ...« [137].

Freud verfällt in jenen Fehler, den Marx im »Rohentwurf« folgendermaßen beschreibt:

»Alle Produktion ist Aneignung der Natur von seiten des Individuums innerhalb und vermittelst einer bestimmten Gesellschaftsform. In diesem Sinn ist es Tautologie zu sagen, daß Eigentum ... eine Bedingung der Produktion sei. Lächerlich aber ist es, hiervon einen Sprung auf eine bestimmte Form des Eigentums, z. B. das Privateigentum zu machen.« [138]

Kurz, Freud unterstellt hier bürgerlich-kapitalistische Eigentumsverhältnisse als natürliche. Er kann sich Aufhebung des Privateigentums nur als neues »Haben« vorstellen, es ist aber die Aufhebung dieses Eigentums nichts weniger als »die vollständige *Emanzipation* aller menschlichen Sinne und Eigenschaften ...« [139].
Die Aufhebung des Privateigentums in der Darstellung Freuds ähnelt jenem Kommunismus, von dem Marx sagt, daß er die Persönlichkeit des Menschen überall negiert, daß

er »nur der konsequente Ausdruck des Privateigentums (ist), welches diese Negation ist« [140]. In der Argumentation Freuds bleibt »das Verhältnis des Privateigentums ... das Verhältnis der Gemeinschaft zur Sachenwelt« – das nennt Marx den »noch ganz rohen und gedankenlosen Kommunismus« [141]. Die Behauptung Freuds, auch durch Aufhebung des Eigentums werde »an den Unterschieden von Macht und Einfluß, welche die Aggression für ihre Absichten mißbraucht ... nichts geändert, auch in ihrem Wesen nicht« [142], ist bloße Setzung; ideologisch, weil jene Praxis blockiert wird, die erst Voraussetzung von Veränderung wäre.

2.3.2. Der Ontologisierung der anthropologischen Aussagen und dem damit verknüpften konservativen Praxisbegriff stellt Freud eine Position gegenüber, die den aufgewiesenen anthropologischen Tatbestand für die *Folge* unvollkommener kultureller Einrichtungen hält und auf der starken, wenn auch nicht absoluten Gewißheit beruht, daß er historisch modifiziert werden kann.
In »Die Zukunft einer Illusion« heißt es nach der Schilderung der menschlichen Kulturfeindlichkeit und dem daraus abgeleiteten Verweis auf die Notwendigkeit rigoroser institutioneller Kontrolle und gesellschaftlichen Zwangs:

»Es liegt natürlich nahe anzunehmen, daß diese Schwierigkeiten nicht am Wesen der Kultur selbst haften, sondern von den Unvollkommenheiten der Kulturformen bedingt werden, die bis jetzt entwickelt worden sind. In der Tat ist es nicht schwer, diese Mängel aufzuzeigen ...« [143].

Wenig später, nach einer Zusammenfassung der menschlichen Eigenschaften, »die es verschulden, daß die kulturellen Einrichtungen nur durch ein gewisses Maß von Zwang erhalten werden können«, fährt Freud fort:

»Ich weiß, was man gegen diese Ausführungen einwenden wird. Man wird sagen, der hier geschilderte Charakter der Menschenmassen, der die Unerläßlichkeit des Zwanges zur Kulturarbeit beweisen soll, ist selbst nur die Folge fehlerhafter kultureller Einrichtungen, durch die die Massen erbittert, rachsüchtig, unzugänglich geworden sind. Neue Generationen, liebevoll und zur Hochschätzung des Denkens erzogen, die frühzeitig die Wohltaten der Kultur erfahren haben, werden auch ein anderes Verhältnis zu ihr haben, sie als ihr eigenes Besitztum empfinden, bereit sein, die Opfer an Arbeit und Triebbefriedigung für sie zu bringen, deren es zu ihrer Erhaltung bedarf. Sie werden den Zwang entbehren können und sich wenig von ihren Führern unterscheiden. Wenn es menschliche Massen von solcher Qualität bisher in keiner Kultur gegeben hat, so kommt es daher, daß keine Kultur noch die Einrichtungen getroffen hat, um die Menschen in solcher Weise, und zwar von Kindheit an, zu beeinflussen.« [144]

Im »Unbehagen in der Kultur« – wo der konservative Praxisbegriff ungleich stärker hervortritt als in »Die Zukunft einer Illusion« – relativiert Freud seine kulturhistorischen Erwägungen im vorletzten Absatz mit den Worten:

»Meine Unparteilichkeit wird mir dadurch leicht, daß ich über all diese Dinge sehr wenig weiß, mit Sicherheit nur das eine, daß die Werturteile der Menschen unbedingt von ihren Glückswünschen geleitet werden, also ein Versuch sind, ihre Illusionen mit Argumenten zu stützen. Ich verstünde es sehr wohl, wenn jemand den zwangsläufigen Charakter der Kultur hervorheben und z. B. sagen würde, die Neigung zur Einschränkung des Sexuallebens oder zur Durchsetzung des Humanitätsideals auf Kosten der natürlichen Auslese seien Entwicklungsrichtungen, die sich nicht abwenden und nicht ablenken lassen, und denen man sich am besten beugt, wie wenn es Naturnotwendigkeiten wären. Ich kenne auch die Einwendung dagegen, daß solche Strebungen, die man für unüberwindbar hielt, oft im Laufe der Menschheitsgeschichte beiseite geworfen und durch andere ersetzt worden sind.« [145]

In dem Absatz »Über eine Weltanschauung« in der »Neuen Folge der Vorlesungen zur Einführung in die Psychoanalyse«, in der Freud sehr kritisch gegen die Utopie des Kommunismus bzw. Marxismus Stellung nimmt, setzt er sich ironisch mit dem antizipierten Einwand gegen die Annahme eines Aggressionstriebs auseinander:

»Warum haben wir selbst so lange Zeit gebraucht, ehe wir uns zur Anerkennung eines Aggressionstriebs entschlossen, warum nicht Tatsachen, die offen zu Tage liegen und jedermann bekannt sind, ohne Zögern für die Theorie verwertet? Wahrscheinlich würde es auf geringeren Widerstand stoßen, wenn man den Tieren einen Trieb mit einem solchen Ziel zuschreiben wollte. Aber ihn in die menschliche Konstitution aufzunehmen, erscheint frevelhaft; es widerspricht zu vielen religiösen Voraussetzungen und sozialen Konventionen. Nein, der Mensch muß von Natur aus gut oder wenigstens gutmütig sein. Wenn er sich gelegentlich brutal, gewalttätig, grausam zeigt, so sind das vorübergehende Trübungen seines Gefühlslebens, meist provoziert, vielleicht nur Folge der unzweckmäßigen Gesellschaftsordnungen, die er sich bisher gegeben hat.« [146]

Freud läßt nie einen Zweifel daran: eine solche Position, die nicht ausschließen will, daß seine anthropologischen Ergebnisse falsifiziert werden *müssen*, m.a.W.: daß es besser werden *muß*, kann er sich nicht zu eigen machen. Wenn er sie nicht wie im letzten Zitat durch Ironisierung abtut, schränkt er sie gleich darauf wieder ein. Zu schwer ist das Gewicht, das seine positivistisch geprägte Wissenschaftsauffassung den Ergebnissen seiner vorwissenschaftlich und wissenschaftlich gewonnenen Erfahrungen verleiht. Aber die gleiche Wissenschaftsauffassung hat ihn auch zu der Einsicht gebracht, daß selbst die biologische Triebstruktur als modifizierbar angenommen werden muß. In den »Beiträgen zur Psychologie des Liebeslebens« schließt sich an die zitierte Vermutung, etwas in der Natur des Sexualtriebs selbst verhindere das Zustandekommen der vollen Befriedigung, und an die Erwägung, »daß eine Ausgleichung der Ansprüche des Sexualtriebes mit den Anforderungen der Kultur überhaupt nicht möglich ist«, eine Konzession an, die deutlich ausspricht, was Marcuse durch »Extrapolation« herausarbeitet:

»Diese trübe Prognose ruht allerdings auf der einzigen Vermutung, daß die kulturelle Unbefriedigung die notwendige Folge gewisser Besonderheiten ist, welche der Sexualtrieb unter dem Drucke der Kultur angenommen hat« [147].

Eine *naive* Ontologisierung wird man Freud also gewiß nicht vorwerfen können; die Zitate beweisen zumindest, wie gut er die Gegenargumente kennt. Die Diskussion ist an diesem Punkt bis heute nicht viel weitergekommen, wie ein Vergleich der zitierten Argumentation Freuds zum Aggressionstrieb mit den Überlegungen Alexander Mitscherlichs in seiner Rede zur Verleihung des Friedenspreises des Deutschen Buchhandels im Oktober 1969 zeigt:

»Über den Ursprung der Aggression ist es bisher zu keiner übereinstimmenden Auffassung in der Forschung gekommen. Mit der Neigung, den Menschen weniger als Wesen auch mit einer Naturgeschichte, sondern nur mit einer sozialen Geschichte zu sehen, tritt in neuerer Zeit auch wieder die Auffassung in den Vordergrund: feindselig reagiere der Mensch nur auf das, was die Gesellschaft ihm als Individuum an Enttäuschungen und Leid zufüge. Von Natur aus sei er friedfertig. Ich teile diese Auffassung nicht. Was ist das für eine ›Natur‹, die bis heute nie endgültig zum Zuge gekommen ist? Woher kommt es, daß *der* Mensch friedfertig sein soll, *die* Menschen aber von Generation zu Generation voller destruktiver Phantasien sind, die sie auch ausleben? Ist dieser Glaube an die gute Natur nicht eine Illusion, die das Erkennen der psychischen wie der sozialen Realität verstellt? Da scheint es mir besser, Feindseligkeiten gegen seinesgleichen als ein leicht weckbares seelisches Bedürfnis der Menschen im Rahmen der Agressivität als Artmerkmal anzuerkennen und der Geschichte die Aufgabe zuzusprechen, sie zu mildern.« [148]

2.3.3. Maßgebend für die Interpretation Freuds und die Bewertung seiner konservativ gewendeten Anthropologie muß es unseres Erachtens sein, ob er nach Zurückweisung der Anti-These zur ersten Position zurückkehrt, oder als Konsequenz aus der Kontroverse zu einer neuen vermittelnden Position fortschreitet; im ersten Fall würde die konservative Position noch erheblich unterstrichen, im zweiten jedoch entscheidend relativiert und korrigiert.
Als eine solche vermittelnde Position entwickelt Freud – freilich nicht immer gleich deutlich und mit unterschiedlichem Gewicht – jene *experimentorientierte Anthropologie*, die die Verifizierung bzw. Falsifizierung ihrer Hypothesen von kontrollierter historischer Praxis abhängig macht.
Der Konzession, die kulturelle Unbefriedigung sei vermutlich »die notwendige Folge gewisser Besonderheiten ..., welche der Sexualtrieb unter dem Drucke der Kultur angenommen hat«, folgt der Schluß: »... ich bin selbst gern bereit zuzugeben, daß ... vielleicht andere Entwicklungseinrichtungen der Menschheit das Ergebnis der hier isoliert behandelten zu korrigieren vermögen« [149]. An die Konfrontation der beiden Argumentationsweisen in »Das Unbehagen in der Kultur« schließt sich das Eingeständnis an, eine Voraussage der kulturellen Entwicklung sei unmöglich:

»Die Schicksalsfrage der Menschheit scheint mir zu sein, ob und in welchem Maße es ihrer Kulturentwicklung gelingen wird, der Störung des Zusammenlebens durch den menschlichen Aggressions- und Selbstvernichtungstrieb Herr zu werden« [150].

»Die Zukunft einer Illusion«, die ausdrücklich der Frage gewidmet ist, »welches fernere Schicksal dieser Kultur bevorsteht und welche Wandlungen durchzumachen ihr bestimmt ist« [151], scheint in ihrem ganzen Aufbau auf die Herausarbeitung des experimentellen Praxisbegriffs zugeschnitten. Nachdem Freud der konservativen Argumentation die revolutionär-emanzipatorische Position gegenübergestellt hat, fährt er fort:

»Man kann daran zweifeln, ob es überhaupt oder jetzt schon, beim gegenwärtigen Stand unserer Naturbeherrschung, möglich ist, solche kulturellen Einrichtungen herzustellen, man kann die Frage aufwerfen, woher die Anzahl überlegener, unbeirrbarer und uneigennütziger Führer kommen soll, die als Erzieher der künftigen Generation wirken müssen, man kann vor dem ungeheuerlichen Aufwand an Zwang erschrecken, der bis zur Durchführung dieser Absichten unvermeidlich sein wird. Die Großartigkeit dieses Plans, seine Bedeutsamkeit für die Zukunft der menschlichen Kultur wird man nicht bestreiten können ... Man mag es bezweifeln, ob und in welchem Ausmaß ein anderes Kulturmilieu die beiden Eigenschaften menschlicher Massen, die die Führung der menschlichen Angelegenheiten so erschweren, auslöschen kann. *Das Experiment ist noch nicht gemacht worden.* Wahrscheinlich wird ein großer Prozentsatz der Menschheit – infolge krankhafter Anlage oder übergroßer Triebstärke – immer asozial bleiben, *aber wenn man es nur zustande bringt, die kulturfeindliche Mehrheit von heute zu einer Minderheit herabzudrücken, hat man sehr viel erreicht, vielleicht alles, was sich erreichen läßt.*
Ich möchte nicht den Eindruck erwecken, daß ich mich weit weg von dem vorgezeichneten Weg meiner Untersuchung verirrt habe. Ich will darum ausdrücklich versichern, daß mir ferne liegt, das große Kulturexperiment zu beurteilen, das gegenwärtig in dem weiten Land zwischen Europa und Asien angestellt wird.« [152]

Am deutlichsten tritt die experimentorientierte Bestimmung des Verhältnisses von Anthropologie und Praxisbegriff [153] gegen Ende der Schrift hervor; am Schluß seines »Plaidoyer(s) für eine rein rationelle Begründung der Kulturvorschriften, also für ihre Zurückführung auf soziale Notwendigkeit« [154], läßt Freud seinen fiktiven Gesprächskontrahenten, dem er die konservative Argumentationsweise übertragen hat, einwenden, der Vorschlag, »die affektiven Grundlagen ... (des) Kulturgehorsams durch rationelle zu ersetzen«, stehe im Widerspruch zu der Annahme, »der Mensch sei durch Intelligenz nicht zu lenken, er werde durch seine Leidenschaften und Triebansprüche beherrscht« [155]. Freuds Erwiderung:

»*Freilich sind die Menschen so, aber haben Sie sich gefragt, ob sie so sein müssen, ob ihre innerste Natur sie dazu nötigt?* Kann der Anthropologe den Schädelindex eines Volkes angeben, das die Sitte pflegt, die Köpfchen seiner Kinder von früh an durch Bandagen zu deformieren? Denken Sie an den betrüblichen Kontrast zwischen der strahlenden Intelligenz eines Kindes und der Denkschwäche des durchschnittlichen Erwachsenen.« [156]

Und er fährt fort:

»Aber ich will meinen Eifer ermäßigen und die Möglichkeit zugestehen, daß auch ich einer Illusion nachjage ... Vielleicht stellt es sich heraus, daß die menschliche Natur dieselbe bleibt, auch wenn man die Erziehung nicht zur Unterwerfung unter die Religion mißbraucht. Ich weiß es nicht, und Sie können es auch nicht wissen. Nicht nur die großen Probleme dieses Lebens scheinen derzeit unlösbar, sondern auch viel geringere Fragen sind schwer zu entscheiden. Aber gestehen Sie mir zu, daß vielleicht ein Schatz zu heben ist, der die Kultur bereichern kann, daß es sich der Mühe lohnt, den Versuch einer irreligiösen Erziehung zu machen. Fällt er unbefriedigend aus, so bin ich bereit, die Reform aufzugeben und zum früheren, rein deskriptiven Urteil zurückzukehren: der Mensch ist ein Wesen von schwacher Intelligenz, das von seinen Triebwünschen beherrscht wird ...
... Ich weiß, wie schwer es ist, Illusionen zu vermeiden; vielleicht sind auch die Hoffnungen, zu denen ich mich bekannt, illusorischer Natur. Aber einen Unterschied halte ich fest. Meine Illusionen – abgesehen davon, daß keine Strafe darauf steht, sie nicht zu teilen – sind nicht unkorrigierbar wie die religiösen, haben nicht den wahnhaften Charakter. *Wenn die Erfahrung* – nicht mir, sondern anderen nach mir, die ebenso denken – *zeigen sollte, daß wir uns geirrt haben, so werden wir auf unsere Erwartungen verzichten. Nehmen Sie doch meinen Versuch für das, was er ist.*« [157]

In dem Kapitel »Über eine Weltanschauung« erweist sich Freuds Überwindung der konservativen Anthropologie daran, daß er der Versuchung widersteht, das Scheitern des »bolschewistischen Experiments« als Verifizierung seiner Anthropologie zu betrachten:

»Die Zukunft wird es lehren, vielleicht wird sie zeigen, daß der Versuch vorzeitig unternommen wurde, daß eine durchgreifende Änderung der sozialen Ordnung wenig Aussicht auf Erfolg hat, solange nicht neue Entdeckungen unsere Beherrschung der Naturkräfte gesteigert haben. Erst dann mag es möglich werden, daß eine neue Gesellschaftsordnung nicht nur die materielle Not der Massen verbannt, sondern auch die kulturellen Ansprüche des Einzelnen erhöht.« [158]

Im gleichen Zusammenhang deutet Freud die Kontrollbedingungen an, mit denen er seinen experimentellen Praxisbegriff verknüpft sehen will:

»Ich würde gestehen, daß die Bedingungen dieses Experiments mich und meinesgleichen abgehalten hätten, es zu unternehmen ...« [159].

Er besteht darauf, daß – in den bereits zitierten Worten von Habermas – »bei einem Test, der die Bedingungen einer möglichen ›Einschränkung des Leidens‹ erproben soll, ... das Risiko erhöhten Leidens nicht zum Bestandteil der Versuchsanordnung selber gemacht werden« darf.
Die kulturtheoretischen Überlegungen Freuds zeigen, daß Freud mit jener bei Marcuse durchgeführten »Extrapolation«, die aus seiner Theorie »Gedanken und Lehrsätze ableitet, die in ihr nur in einer verdinglichten Form enthalten sind, in der historische Prozesse als natürliche (biologische) erscheinen«, bereits selber begonnen hatte; das Interpretationsmodell von Habermas, das von der Zwiespältigkeit des Freudschen Erkenntnisinteresses ausgeht, kommt Freud in diesem Zusammenhang näher als das Marcuses, der mit Freud gegen Freud argumentiert. Es deutet sich an, daß Freud durch seine experimentorientierte Anthropologie und den daraus sich ableitenden Praxisbegriff über einen auf Bewußtseinsbildung sich reduzierenden aufklärerischen Emanzipationsbegriff und damit wohl über Psychoanalyse überhaupt hinausgedrängt wurde und auf die Möglichkeit vorbereitet war, daß die Zukunft der Kultur ohne Veränderung der sozialstrukturellen Basis nicht werde gesichert werden können. So ist es zu verstehen, wenn er gegen Ende seines Vortrages über »Die zukünftigen Chancen der psychoanalytischen Therapie« folgendermaßen sich bescheidet: »... die Energien, die sich heute in der Produktion neurotischer

Symptome im Dienst einer von der Wirklichkeit isolierten Phantasiewelt verzehren, werden, wenn sie schon nicht dem Leben zugute kommen können, *doch den Schrei nach jenen Veränderungen in unserer Kultur verstärken helfen, in denen wir allein das Heil für die Nachkommenden erblicken können«* [160]. Der Vorwurf von Brückner, Leithäuser und Kriesel, die Auffassung von der menschlichen Triebkonstitution stelle ein »Moment psychoanalytischer Anthropologie« dar, »mit der Psychoanalyse sich aus dem politischen Kampf des Materialismus herausnimmt« [161], ist deshalb – zumindest, was das Verhältnis von Anthropologie und Praxisbegriff bei Freud angeht – ungerechtfertigt; es sei denn, dieser Vorwurf will nur besagen, daß Freud sich bei der anthropologischen Ableitung der Chancen revolutionärer Praxis schwerer tut. Der emanzipatorische Gehalt der Freudschen Psychoanalyse liegt nicht nur in dem vielstrapazierten Motto psychoanalytischer Therapie: »Wo Es war, soll Ich werden«; das Ergebnis der kulturtheoretischen Reflexionen Freuds lautet: Wo ein spezifisch-historisch deformiertes Es war, könnte – durch kontrollierte historische Praxis – ein neues Es werden.

Die Fragen nach der anthropologischen Verfassung des Wesens »Mensch« und nach den Möglichkeiten seiner Weltbewältigung, d. h. nach seiner Praxis stehen bei Marx und Freud im Mittelpunkt. Es hat sich gezeigt, daß die Anhänger von Marx wie die Adepten Freuds den Zusammenhang von Anthropologie und Praxis als abgeleiteten begriffen: erst eine bestimmte, wissenschaftlich abgesicherte Anthropologie sollte eine spezifische Praxis ermöglichen oder verhindern. Wir haben zu zeigen versucht, daß von Marx und Freud selbst her ein solches Junktim nicht begründet werden kann; beide stehen ihrer anthropologischen Überzeugung – in unterschiedlichem Maße freilich – skeptisch gegenüber. Diese Skepsis hat zur Folge, daß die politischen Optionen und gesellschaftlichen Analysen viel weniger durch definitive anthropologische Aussagen begründet sind, als die meisten Interpreten es wahrhaben wollen, vielmehr auf der Einsicht in die noch bestehende Unentscheidbarkeit bestimmter anthropologischer Fragen beruhen.

Über die Richtigkeit einer politischen Überzeugung, über den Wert einer gesellschaftlichen Maßnahme läßt sich nur *praktisch* etwas ausmachen. Marx und Freud sind beide Anti-Dogmatiker, sie entwerfen eine experimentelle Anthropologie.

Im Zusammenhang mit den gestiegenen Möglichkeiten eines besseren Lebens stellt sich freilich die Frage nach der Durchsetzbarkeit einer solchen Chance. Anvisiert werden muß ein praktisches Experiment, weil erst dann über eine tatsächliche Veränderung der Situation und die neuen Chancen, die sie bietet, entschieden werden kann [162]. Der Begriff des *Experiments* freilich ist von dem der *Kontrolle* nicht zu trennen: Hierdurch werden die Bedingungen festgelegt, die einen Abbruch des Experiments zur Folge haben müssen, wenn die absehbaren Konsequenzen keine Verbesserung, eher eine Verschlechterung der zu verändernden Situation möglich erscheinen lassen.

Freud hat diesen Aspekt in seinem Werk mehr betont als Marx. Wie dieser eher der Gefahr unterlegen ist, das Gelingen des Experiments deterministisch zu prognostizieren, hat jener den Akzent auf die schwer zu erreichende Veränderung der gegenwärtigen sozialen Situation gelegt. Während Freud nicht ausschließen *kann*, daß es besser werden wird, will Marx nicht ausschließen, daß es besser werden *muß*. In dieser Akzentverlagerung liegt der wichtigste Unterschied der Stellungnahmen von Freud und Marx zum Praktischwerden anthropologischer Prämissen. Dieser Unterschied wäre deutlicher herauszuarbeiten und im Blick auf konkrete historische Situationen der Begriff der Kontrolle, der den Experimentabbruch in einem definierten Moment fordert, näher zu erläutern. Hier kam es uns zunächst darauf an, Gemeinsamkeiten bei Marx und Freud herauszustellen, die es gestatten, Veränderungen zu planen, ohne utopistisch zu schwärmen, und Änderungen abzulehnen, ohne reaktionär zu werden.

Anmerkungen:

1 Vgl. dazu Wolf Lepenies, »Über Marx hinweg (Kritische Anmerkungen zu Arnold Künzli)«, in: *Die Neue Gesellschaft* XVI (1969), H. 6 (November/Dezember), S. 609–611, und Helmut Nolte, *Psychoanalyse und Soziologie – Die Systemtheorien Sigmund Freuds und Talcott Parsons'*, Bern/Stuttgart 1970.

2 Deutlich zeigt sich dieser kurzgeschlossene Rückgriff auf Anthropologie bei Arnold Künzli (*Über Marx hinaus, Beiträge zur Ideologiekritik*, Freiburg 1969), was Marx, und Arnold Gehlen (*Moral und Hypermoral. Eine pluralistische Ethik*, Frankfurt am Main und Bonn 1969), was Freud anbetrifft.

3 Dazu Dieter Claessens, »Rationalität revidiert«, in: *Kölner Zeitschrift für Soziologie und Sozialpsychologie* XVII (1965), S. 465–476, hier S. 476.

4 So die These von Claude Lévi-Strauss, der die *Strukturale Anthropologie* Durkheim widmete und sich dabei selbst als dessen »nicht immer treuen Schüler« bezeichnete. Claude Lévi-Strauss, *Strukturale Anthropologie*, Frankfurt am Main 1967. Vgl. dazu Wolf Lepenies, »Der französische Strukturalismus – Methode und Ideologie«, in: *Soziale Welt* XIX (1968), H. 3/4, S. 301–327. Zu Durkheim vgl. die Einleitung von Th. W. Adorno zu *Soziologie und Philosophie*, Frankfurt am Main 1967, S. 9: »In der Spiritualisierung von Objektivität rächt sich der Subjektivismus, den Durkheim verleugnete und der doch seinem Ansatz unvermeidlich ist.«

5 Ohne auf die Grundthese von Willms näher einzugehen, stimmen wir hierin mit ihm überein: »Die Anthropologie gehört zum Elend des bürgerlichen Subjekts, das das Gesetz seines Anfangs, die welthistorische Allgemeinheit nämlich, jetzt noch per Wissenschaft, mit der es ja so viel Erfolg gehabt hat, künstlich perennieren will.« Bernard Willms, *Revolution und Protest oder Glanz und Elend des bürgerlichen Subjekts*, Stuttgart 1969, S. 78. Willms, der zu zeigen versucht, wie auch die Marxsche Theorie die Theorie des bürgerlichen Subjekts nicht über-, höchstens einzuholen vermochte, sieht auch die Kategorien Freuds als die »eines nun freilich extrem bürgerlichen Denkers« (a.a.O., S. 79). Wir halten aber daran fest, daß in der Marxschen wie in der Freudschen Anthropologie Grundzüge sichtbar werden, die *unbürgerlich* sind, weil sie Skepsis gegenüber der eigenen anthropologischen Prämisse verraten.

6 Diese Dichotomie klammert Positionen aus wie die Leo Koflers, der Anthropologie definiert als »Wissenschaft von den unveränderlichen Voraussetzungen menschlicher Veränderlichkeit«. Leo Kofler, *Der asketische Eros*, Wien–Frankfurt–Zürich 1967 S. 21 ff. (»Anthropologie und Gesellschaftstheorie«), hier S. 28. Vgl. auch Leo Kofler, *Perspektiven des revolutionären Humanismus*,

Reinbek bei Hamburg 1968. Deutlich vertreten wird eine solche Konzeption auch von Norbert Elias, *Was ist Soziologie?*, München 1970, und Dieter Claessens, *Instinkt, Psyche, Geltung. Bestimmungsfaktoren menschlichen Verhaltens. Eine soziologische Anthropologie*, Köln und Opladen 1968, 2., verb. Aufl. 1970. Wir müssen uns mit Literaturangaben begnügen, wollen aber noch darauf hinweisen, daß diese vermittelnde Position ihr politisches Pendant im liberalistischen Denken findet – mit allen Stärken und Schwächen (z. B. im Kompromißcharakter, der *beides* sein kann) einer solchen Haltung.

7 Der Begriff wird hier immer im Sinne Horkheimers verstanden. Vgl. Max Horkheimer, »Traditionelle und kritische Theorie« (1937), in: *Kritische Theorie*, hg. von Alfred Schmidt, 2. Band, Frankfurt am Main 1968, S. 137–191.

8 Ulrich Sonnemann, *Negative Anthropologie. Vorstudien zur Sabotage des Schicksals*, Reinbek bei Hamburg 1969. Auf Sonnemanns Buch wollen wir nicht verweisen, ohne kritisch anzumerken, wie sehr die Sprache des Autors den Zugang zu dem versperrt, was er an überraschenden Einsichten und konsequenten Thesen zu bieten hat. Daß eine Anthropologie dem Leser derartige Schwierigkeiten bereitet, erscheint um so schwerwiegender, als dieser bereits vom Thema her sich selbst als ein »Betroffener« zu empfinden hat. Kant z. B. ist da, gerade in seinen anthropologischen Schriften, »menschlicher« verfahren: »Die gute Gesinnung schließt aus, daß man sich von der sittlichen Gemeinschaft, dem Reich der Geister, auch sprachlich absondert und sich in ein ›privates‹ Dasein des Handelns, Denkens und Sprechens wegstiehlt.« Friedrich Kaulbach, »Weltorientierung, Weltkenntnis und pragmatische Vernunft bei Kant«, in: *Kritik und Metaphysik. Studien Heinz Heimsoeth zum achtzigsten Geburtstag*, Berlin 1966, S. 62, Anm. 3.

9 Max Horkheimer, »Materialismus und Moral« (1933), *a.a.O.*, 1. Band, S. 85.

10 Horkheimer, »Bemerkungen zur philosophischen Anthropologie« (1935), *a.a.O.*, S. 227. Vgl. auch »Geschichte und Psychologie«, *a.a.O.*, S. 9–30. Zur »Anthropologie« Adornos vgl. Alfred Schmidt, »Adorno – ein Philosoph des realen Humanismus«, in: *Neue Rundschau* LXXX (1969), H. 4, S. 654–673.

11 Friedrich Jonas, *Geschichte der Soziologie*, Band I, Reinbek bei Hamburg 1968, S. 147. Solche auf Marx gemünzten Behauptungen lassen Jonas deutlich als Schüler Arnold Gehlens erkennen. Gehlen hat übrigens zu unserer Fragestellung eine »asymmetrische« Position eingenommen. Bei ihm resultiert die konservative Institutionentheorie ursprünglich nicht aus einer starren anthropologischen Basis, sondern aus der radikal durchgehaltenen Offenheitsthese, der Annahme einer alles versprechenden, alles bedrohenden

»fürchterlichen Natürlichkeit«, die zur Zähmung rigider Institutionen dringend bedarf. Vgl. aber unsere Anm. 94.

12 L. F. Iljitschow, »Marx und die historischen Perspektiven der Menschheit«, in: *Karl Marx und die moderne Philosophie*, Moskau o. J. (Verlag Progress), S. 47. Ähnliche Äußerungen, die die Problemlage nicht subtiler erscheinen lassen, in dem von W. Eichhorn II, H. Ley und R. Löther herausgegebenen Band *Das Menschenbild der marxistisch-leninistischen Philosophie*, Berlin 1969. Die unmittelbare *politische* Relevanz dieser Auseinandersetzung macht Lucien Sève deutlich, wenn er bei einer Diskussion der französischen Bildungspolitik die unterschiedlichen *psychologischen* Voraussetzungen des gaullistischen Fouchet-Plans und der von der französischen Kommunistischen Partei (PCF) erarbeiteten *Propositions pour une réforme démocratique de l'enseignement* herausstellt. Dabei geht es um die Frage nach den »prétendus besoins ›éternels‹«. Lucien Sève, *Marxisme et théorie de la personnalité*, Paris 1970, S. 20 ff.

13 Herbert Marcuse, »Neue Quellen zur Grundlegung des historischen Materialismus«, in: *Die Gesellschaft* IX (1932), jetzt in Marcuse, *Philosophie und Revolution*, Berlin 1967, S. 41–142. Siegfried Landshut ist freilich der Auffassung, das Interesse für die »Manuskripte« sei zunächst ohnehin gering gewesen, die Interessenlage durch politische Konstellationen eigentlich kaum zusätzlich beschränkt worden. Landshut, »Die Gegenwart im Lichte der Marxschen Lehre«, in: *Kritik der Soziologie und andere Schriften zur Politik*, Neuwied u. Berlin 1969, S. 233.

14 Siehe den teilweise als Kritik an Leszek Kolakowski konzipierten Aufsatz von György Márkus, »Über die erkenntnistheoretischen Ansichten des jungen Marx«, in: *Beiträge zur marxistischen Erkenntnistheorie*, hg. von A. Schmidt, Frankfurt am Main 1969, S. 18–72.

15 Adam Schaff, *Marxismus und das menschliche Individuum*, Wien–Frankfurt–Zürich 1965, S. 41. Vgl. zu dieser speziellen Problematik und zur These dieses Aufsatzes Gajo Petrović, *Wider den autoritären Marxismus*, Frankfurt am Main 1969, und den von Petrović herausgegebenen Band *Revolutionäre Praxis. Jugoslawischer Marxismus der Gegenwart*, Freiburg 1969 sowie Rudi Supek, *Soziologie und Sozialismus. Probleme und Perspektiven*, Freiburg 1970.

16 Alfred Kurella, *Das Eigene und das Fremde. Neue Beiträge zum sozialistischen Humanismus*, Berlin und Weimar 1968, S. 6. Am überzeugendsten hat Walter Tuchscheerer die Ansätze der entwickelten ökonomischen Theorie in den Marxschen Frühschriften nachgewiesen. (*Bevor ›Das Kapital‹ entstand. Die Herausbildung und Entwicklung der ökonomischen Theorie von Karl Marx in der*

Zeit von 1843 bis 1858, Berlin 1968). Vgl. insbesondere den scharfsinnigen Nachweis, daß in den Pariser Manuskripten der Begriff des »Produktionsverhältnisses« implizit bereits vorhanden sei. A.a.O., S. 206, Anm. 120.

17 Vgl. Louis Althusser, *Für Marx*, Frankfurt am Main 1968, und Althusser, Balibar, *Lire le Capital*, 2 Bände, überarbeitete Auflage, Paris 1968. Als neueste Kritik dazu Alfred Schmidt, »Der strukturalistische Angriff auf die Geschichte«, in: *Beiträge zur marxistischen Erkenntnistheorie*, a.a.O., S. 194–265. Ferner Wolf Lepenies, »Lévi-Strauss und die strukturalistische Marx-Lektüre«, in: *Orte des wilden Denkens. Zur Anthropologie von Claude Lévi-Strauss*, hg. von Wolf Lepenies und Hanns Henning Ritter, Frankfurt am Main 1970, S. 160–224.

18 Max Adler, *Natur und Gesellschaft*, Wien 1964, S. 101. Es handelt sich dabei um eine Neuauflage des 1930 als zweiter Band der *Soziologie des Marxismus* erschienenen Lehrbuchs der materialistischen Geschichtsauffassung.

19 *A.a.O.*, S. 97. Vgl. auch Adlers Aufsatz »Das Formalpsychische im historischen Materialismus«, in: *Marxistische Probleme. Beiträge zur Theorie der materialistischen Geschichtsauffassung und Dialektik*, Stuttgart 1913, S. 1 ff.

20 Schaff, *a.a.O.*, S. 55. Vgl. dazu auch Sève, a.a.O.

21 Als ein Beispiel unter vielen mag hier der Hinweis auf den Aufsatz von Bronislaw Baczko, »Marxismus und ›Marxologie‹. Notizen über die marxistische Entfremdungstheorie«, genügen. Vgl. Baczko, *Weltanschauung, Metaphysik, Entfremdung. Philosophische Versuche*, Frankfurt am Main 1969, S. 106–127.

22 Erich Fromm, »Marx' Beitrag zur Wissenschaft vom Menschen« (1968), in: Fromm, *Analytische Sozialpsychologie und Gesellschaftstheorie*, Frankfurt am Main 1970, S. 145–161; Robert Kalivoda, »Marx und Freud«, in: *Der Marxismus und die moderne geistige Wirklichkeit*, Frankfurt am Main 1970, S. 49–50. In diesem Zusammenhang mag der Hinweis auf die Differenz von sogenannter »strong theory« und »weak theory« wichtig sein. Die »strong theory« geht von der *determinierenden* Funktion biologischer und anthropologischer Faktoren auf menschliches Verhalten aus; die »weak theory« verkennt nicht deren Einfluß, sieht ihn aber durch spezifisch soziale Faktoren modifiziert. Vgl. zu diesen beiden »Theorien« Alexander Alland, jr., »Darwinian Sociology without Social Darwinism?«, in: *Social Research* Vol. 36, No. 4, Winter 1969 (»Focus – Human Biology and the Social Sciences«), S. 549 ff.

23 Marx–Engels, »Die Deutsche Ideologie«, in: Marx–Engels, *Werke*, Bd. 3, Berlin 1962, S. 237–238. Diese Ausgabe wird fortan als *MEW* zitiert; die erste Ziffer bezeichnet den Band, die zweite die Seitenzahl(en).

24 Diese Stelle dennoch, und exemplarisch, zur Interpretation zu benutzen, rechtfertigt sich aus den Rezeptionsusancen der »Deutschen Ideologie«. So wird etwa die Passage, in der Marx und Engels davon sprechen, daß sie nur eine einzige Wissenschaft kennen, die »Wissenschaft der Geschichte« (*MEW* 3,18) häufig zitiert, obwohl es sich hier ebenfalls um eine gestrichene Partie des Manuskriptes handelt. Es ist durchaus nicht die Regel, daß man auf sie, wie Alfred Schmidt es tut, als »Textvariante« hinweist. Vgl. A. Schmidt, »Über Geschichte und Geschichtsschreibung in der materialistischen Dialektik« in: *Folgen einer Theorie. Essays über ›Das Kapital‹ von Karl Marx*, Frankfurt am Main 1967, S. 120. Zur genauen Textgestaltung und zum Nachweis des gleichen »Status« der beiden erwähnten Textvarianten siehe Marx–Engels, »Die Deutsche Ideologie«, in: *Historisch-Kritische Gesamtausgabe (MEGA)* I, 5, Moskau–Leningrad 1933, S. 567 und S. 596–597.

25 *MEW* 3, 238–239. Wenn Lucien Sève schreibt: »Die angeblich ›ewigen‹ Bedürfnisse sind in der Tat nichts anderes als die Bedürfnisse von gestern, die zu unveränderlichen Abstraktionen gemacht worden sind«, so wird eine solche kanonische Äußerung der »experimentellen« Haltung von Marx nicht gerecht. Vgl. Sève, a.a.O., S. 23.

26 Zu diesem Skeptizismus vgl. Alfred Schmidt: »Während für Engels mit der Vergesellschaftung der Produktionsmittel eigentlich alles gut wird, der sprunghafte Übergang vom Reich der Notwendigkeit ins Reich der Freiheit gesetzt ist, sieht der sehr viel skeptischere, auch dialektischere Marx, daß das Reich der Freiheit das der Notwendigkeit nicht einfach ablöst ...« Schmidt, *Der Begriff der Natur in der Lehre von Marx*, Frankfurt am Main, 2. Aufl. 1967, S. 116. Dazu auch Marx: »Mehrarbeit überhaupt, als Arbeit über das Maß der gegebnen Bedürfnisse hinaus, muß immer bleiben«. Und: »Die Freiheit in diesem Gebiet kann nur darin bestehn, daß der vergesellschaftete Mensch, die assoziierten Produzenten, diesen ihren Stoffwechsel mit der Natur rationell regeln, unter ihre gemeinschaftliche Kontrolle bringen, statt von ihm als von einer blinden Macht beherrscht zu werden; ihn mit dem geringsten Kraftaufwand und unter den, ihrer menschlichen Natur würdigsten und adäquatesten Bedingungen vollziehn. Aber es bleibt dies immer ein Reich der Notwendigkeit.« »Kapital«, 3. Band, *MEW* Bd. 25, S. 827 und 828.
Diesen Marxschen Skeptizismus unterschlägt Dieter Wyss, wenn er behauptet, auch der späte Marx würde noch an der »eudämonistischen Vision« festhalten, in der Zukunft könnten »die Triebe uneingeschränkt« verwirklicht werden und ein »revolutionärer, die Gesellschaft umstürzender Akt« würde »die anthropologischen Bedingungen des Menschseins radikal verändern.« Dieter Wyss, *Marx*

und Freud. Ihr Verhältnis zur modernen Anthropologie, Göttingen 1969, S. 20, 105. Ähnlich mißdeutet wird Marx bei Arnold Künzli, »Wider den Parzival-Sozialismus«, in: *Marx und die Revolution*, Frankfurt am Main 1970, S. 51–68.

27 Helmut Fleischer, *Marxismus und Geschichte*, Frankfurt am Main 1969, S. 13.
»1. Der Ansatz beim universalen Sinnbezug: Geschichte ist Werden des Menschen – für den frühen Marx von 1844 noch im Sinne einer idealen Wesensbestimmung gedacht, im späteren Werk von Marx und Engels mehr ›naturalistisch‹ als ›Menschwerdung des Affen‹, Genesis einer neuen Species. (Anthropologischer oder anthropogenetischer Ansatz.)
2. Der Ansatz bei der konkret-historischen Praxis der Menschen: Geschichte ist die mehr blinde als zielstrebige Resultante des bedürfnisgeleiteten und situationsbezogenen Handelns der Individuen und Gruppen. (Pragmatologischer Ansatz.)
3. Der Ansatz bei der objektiven Struktur- und Prozeßlogik des sozialhistorischen Geschehens: Geschichte ist ein gesetzmäßig ablaufender naturhistorischer Prozeß (Nomologischer Ansatz.)«

28 *A.a.O.*, S. 80. Unsere Hervorhebung, die Verf.

29 Vgl. dazu Jürgen Habermas, *Theorie und Praxis. Sozialphilosophische Studien*, Neuwied und Berlin 1967, 2. Aufl., S. 303, und, zur Kritik, Harald Pilot, »Jürgen Habermas' empirisch falsifizierbare Geschichtsphilosophie«, in: *Der Positivismusstreit in der deutschen Soziologie*, Neuwied und Berlin 1969, S. 307 ff.

30 Vgl. Willi Oelmüller, *Die unbefriedigte Aufklärung. Beiträge zu einer Theorie der Moderne von Lessing, Kant und Hegel*, Frankfurt a. M. 1969.

31 *A.a.O.*, S. 117.

32 Das bedeutet natürlich nicht das erste Auftreten von Anthropologie überhaupt – die ja weit früher, etwa in der Descartesschen Theorie, die Horkheimer zum Urbild traditioneller Theorie nimmt, eine Rolle spielt –, sondern das Entstehen einer *neuen* Anthropologie auf der Grundlage eines veränderten Theorie–Praxis-Paradigmas. Vgl. dazu neben Oelmüller Odo Marquard, »Zur Geschichte des philosophischen Begriffs ›Anthropologie‹ seit dem Ende des achtzehnten Jahrhunderts«, in: *Collegium Philosophicum. Studien Joachim Ritter zum 60. Geburtstag*, Basel–Stuttgart 1965, S. 209 ff.

33 Vgl. dazu Manfred Riedel, »Der Begriff der ›Bürgerlichen Gesellschaft‹ und das Problem seines geschichtlichen Ursprungs«, in: ARSP XLVIII (1962), jetzt in: *Studien zu Hegels Rechtsphilosophie*, Frankfurt am Main 1969, S. 135 ff.

34 Kant, »Idee zu einer allgemeinen Geschichte in weltbürgerlicher Absicht«, in: *Werke*, hg. von Weischedel, Darmstadt 1968,

Bd. 9, S. 35. Hier und im folgenden kann auf Kant nur kursorisch verwiesen werden; seine Anthropologie und Geschichtsphilosophie läßt sich nicht nur mit Marx, sondern auch mit Freud – vgl. Anm 125 – in Verbindung bringen. Unter systematischen Gesichtspunkten wäre nicht nur auf die Schriften zur Anthropologie und Geschichtsphilosophie hinzuweisen, sondern auf den *experimentellen* Duktus der Kantischen Philosophie überhaupt: »Das Experiment, durch welches Kant die Vernunft dazu bringt, sich selbst zu prüfen und zu einigen mit sich, ist eigentlich schon dadurch entschieden, daß es überhaupt unternommen wird; indem Vernunft mit sich experimentiert, macht sie geschichtliche Erfahrungen mit sich dadurch, daß sie sich im Entschluß zum Experiment auf den Stand der Freiheit stellt.« Friedrich Kaulbach, »Der Zusammenhang zwischen Naturphilosophie und Geschichtsphilosophie bei Kant«, in *Kant-Studien* LVI (1966), H. 3/4, S. 440. Die Nachbarschaft zu Marx ist unübersehbar. Um unsere Habermas-Kritik zu antizipieren: Jürgen Habermas, der in *Theorie und Praxis* so weitgehend auf Merleau-Pontys »marxisme sans illusions tout expérimental« eingegangen war (»Die experimentelle Geschichtsphilosophie fahndet nicht mehr nach einem verborgenen Sinn; sie rettet ihn, indem sie ihn herstellt«; *a.a.O.*, S. 303) unterschlägt *diese* Verbindung von Kantischen und Marxschen Prämissen einer Geschichtsphilosophie in praktischer Absicht in *Erkenntnis und Interesse.*

35 *A.a.O.*, S. 36. In beiden Kant-Zitaten sind Hervorhebungen weggelassen.

36 Kant, »Kritik der reinen Vernunft« B 373, in: *Werke*, a.a.O., Bd. 4, S. 323 (Unsere Hervorhebung, die Verf.). Daß der Bezug auf Kant nicht zufälligen, sondern dem Thema immanenten Gesichtspunkten folgt, läßt sich auch durch den Hinweis darauf erhärten, wie Baran in einem Essay »Marxismus und Psychoanalyse« auf Kant anspielt: »Da Ausbeutung, Ungerechtigkeit und Krieg die Verhaltensweise der Menschen seit Jahrhunderten geprägt haben, ist es gewiß richtiger, die menschliche Spezies als einen Klotz anzusehen, der nur schwer bewegt und gemodelt werden kann, als dem leichtfertigen Optimismus jener oberflächlichen Weltverbesserer zu trauen ...« Paul A. Baran, »Marxismus und Psychoanalyse«, in: *Unterdrückung und Fortschritt*, Frankfurt am Main 1966, S. 74–75. Baran bezieht sich dabei auf folgende Kant-Stelle: »... aus so krummem Holze, als woraus der Mensch gemacht ist, kann nichts ganz Gerades gezimmert werden. Nur die Annäherung zu dieser Idee ist uns von der Natur auferlegt.« Kant, »Idee zu einer allgemeinen Geschichte in weltbürgerlicher Absicht«, S. 41. – Gerade unter der hier angegebenen Perspektive einer *experimentellen* Geschichts- und Gesellschaftsauffassung wäre die Rezeption

Kants in der neueren deutschen Soziologie – bei Adorno, Habermas, Schelsky und Dahrendorf – zu untersuchen. Vgl. dazu Jürgen Ritsert, *Handlungstheorie und Freiheitsantinomie*, Berlin 1966. Seine Attraktion beweist das Thema »Kant« noch bei jenen, die dagegen polemisieren und es eben dadurch weiter perpetuieren, so Berndt Franke, »Zum Problem der gesellschaftlichen Objektivität oder Kant und kein Ende«, in: *Thesen zur Kritik der Soziologie*, hg. von Bernhard Schäfers, Frankfurt am Main 1969, S. 50 ff.

37 Kant, »Anthropologie in pragmatischer Hinsicht«, in: *Werke*, a.a.O., Bd. 10, S. 399. Dem entspricht in der politischen Philosophie Kants die Charakterisierung historischer Ereignisse als »Experimente« des Menschengeschlechts. Vgl. die positive Äußerung zur Französischen Revolution im »Streit der Fakultäten«, *Werke*, a.aO., Bd. 9, 358 ff.

38 Marx, »Zur Kritik der Hegelschen Rechtsphilosophie«, *MEW* 1, 384.

39 Oelmüller, *a.a.*O., S. 123.

40 Oelmüller, *a.a.*O., S. 124. Vgl. dazu Joachim Ritter, »›Politik‹ und ›Ethik‹ in der praktischen Philosophie des Aristoteles«, in: *Metaphysik und Politik. Studien zu Aristoteles und Hegel*, Frankfurt am Main 1969, S. 106–132, und ders.: »›Naturrecht‹ bei Aristoteles«, *a.a.*O., S. 133–179. Vgl. dazu Kants Grundlegung der Anthropologie: »Da er (der Rezensent, also Kant; die Verf.) aber die Materialien zu einer Anthropologie ziemlich zu kennen glaubt, imgleichen auch etwas von der Methode ihres Gebrauchs, um eine Geschichte der Menschheit im Ganzen ihrer Bestimmung zu versuchen: so ist er überzeugt, daß sie weder in der Metaphysik, noch im Naturalienkabinett, durch Vergleichung des Skeletts des Menschen mit dem von andern Tiergattungen, aufgesucht werden müssen; am wenigsten aber die letztere gar auf seine Bestimmung für eine andere Welt führe; sondern daß sie allein in seinen *Handlungen* gefunden werden können, dadurch er seinen Charakter offenbart; ...« Kant, »Erinnerungen des Rezensenten der Herderschen Ideen ...«, in: *Werke*, a.a.O., Bd. 10, S. 794/795.

41 Jürgen Habermas, »Marxens Metakritik an Hegel: Synthesis durch gesellschaftliche Arbeit«, in: *Erkenntnis und Interesse*, Frankfurt am Main 1968, S. 36 ff., ferner, ders., »Arbeit und Interaktion. Bemerkungen zu Hegels Jenenser ›Philosophie des Geistes‹«, in: *Technik und Wissenschaft als ›Ideologie‹*, Frankfurt am Main 1968, S. 9–47. Die nicht immer manifeste Intention der Habermas-Kritik wird deutlicher bei Albrecht Wellmer, *Kritische Gesellschaftstheorie und Positivismus*, Frankfurt am Main 1969, vor allem S. 69 ff.: »Der heimliche Positivismus der Marxschen Geschichtsphilosophie«. Zitate aus *Erkenntnis und Interesse* werden durch Seitenzahlen in Klammern nachgewiesen. Zur Kritik spezi-

fischer Aspekte der Habermasschen Marx-Kritik vgl. Wolfgang Müller, »Habermas und die Anwendbarkeit der Arbeitswerttheorie«, in: *Sozialistische Politik* I (1969), Nr. 1, S. 39–53; Renate Damus, »Habermas und der ›heimliche Positivismus‹ bei Marx«, in: *Sozialistische Politik* I (1969), Nr. 4, S. 22–46, und Claus Rolshausen, »Technik und Wissenschaft als Ideologie«, *a.a.O.*, S. 47–64.

42 Unsere Kritik richtet sich hier ausschließlich gegen die rigorose Verneinung einer möglichen Bestimmung des »Wesens der Gattung« als eines biologisch bestimmten Grundmusters. Wollte man den von Habermas als »transzendentale Lebensform« bezeichneten Begriff kritisieren, so wäre vorab der Begriff des Transzendentalen bei Habermas zu klären. Vgl. Karin Schrader-Klebert, »Der Begriff des Transzendentalen bei Jürgen Habermas«, in: *Soziale Welt* XIX (1968), H. 3/4, S. 342–359.

43 Transzendentalphilosophie als kritische Philosophie begreift Oelmüller, *a.a.O.*, S. 103 ff.: »Zum Begriff der kritischen Philosophie«. Vgl. zur Beziehung Kant–Marx auch Jindřich Zelený, »Zum Wissenschaftsbegriff des dialektischen Materialismus«, in: *Beiträge zur marxistischen Erkenntnistheorie*, a.a.O. S. 73–86 (»Der praktische und geschichtliche Materialismus Marxens hat neue Dimensionen: der problemgeschichtliche Zusammenhang mit der deutschen Transzendentalphilosophie bleibt aber wesentlich«, S. 83) und, ders., »Kant und Marx als Kritiker der Vernunft«, in: *Kant-Studien* LVI (1966), H. 3/4, S. 329–341. Ferner Manfred Buhr und Gerd Irrlitz, *Der Anspruch der Vernunft. Die klassische bürgerliche deutsche Philosophie als theoretische Quelle des Marxismus*, Teil I, Berlin 1968, S. 26 und S. 35 ff. und Manfred Buhr, *Immanuel Kant. Einführung in Leben und Werk*, Leipzig 1967.

44 Die nun folgenden Hinweise versuchen trotz »chronologischen« Vorgehens nicht, bei Marx die Idee einer Entwicklung der anthropologischen Fragestellung nachzuweisen. »In seinem Fragment *Zur Frage der Dialektik* weist Lenin darauf hin, daß ›Chronologie in bezug auf Personen‹ nicht erforderlich ist, wenn es darum geht, die Logik der Entwicklung der Erkenntnis zu analysieren; daß diese Chronologie nicht immer dem realen Stufengang der gedanklichen Durchdringung des Objekts entspricht.« E. W. Iljenkow, »Die Dialektik des Abstrakten und Konkreten im ›Kapital‹ von Marx«, in: *Beiträge zur marxistischen Erkenntnistheorie*, a.a.O., S. 99.

45 Marx, »Kritik des Hegelschen Staatsrechts«, in: *MEW* 1, 310.

46 *A.a.O.*, S. 310.

47 Marx, »Zur Judenfrage«, *a.a.O.*, S. 360.

48 Marx, »Zur Kritik der Hegelschen Rechtsphilosophie«, *a.a.O.*, S. 385.

49 *A.a.O.*, S. 387.

50 *A.a.O.*, S. 390.

51 Marx, »Ökonomisch-philosophische Manuskripte«, *MEW*, Ergänzungsband, Schriften bis 1844. Erster Teil, Berlin 1968, S. 538.

52 Dieser terminus (»coupure épistémologique«) stammt von Gaston Bachelard; in der strukturalistischen Diskussion ist er vor allem von Michel Foucault und Louis Althusser auf die Trennung des jungen, »ideologischen«, vom reifen, »wissenschaftlichen« Marx bezogen worden.

53 Marx, *a.a.*O., S. 467.

54 *A.a.O.*, S. 542.

55 *A.a.o.*, S. 543.

56 Marx-Engels, »Die Heilige Familie«, *MEW* 2, 138.

57 Marx–Engels, »Die Deutsche Ideologie«, in: *MEW* 3, 20.

58 *A.a.O.*, S. 69, S. 442.

59 Marx, »Randglossen zu Adolph Wagners ›Lehrbuch der politischen Ökonomie‹«, in *MEW* 19, 371. Aus beinahe philologischer Unachtsamkeit hat Althusser hieraus einen theoretischen Antihumanismus bei Marx deduzieren wollen (*Für Marx*, a.a.O., S. 168 ff.). Dazu bemerkt J. Zelený: »Die Irrigkeit der Interpretation Althussers in der Frage des Humanismus läßt sich schon dadurch illustrieren, daß er als Motto seiner Abhandlung, in der er den Antihumanismus der Marxschen Theorie nachweist, die Marxsche Bemerkung über die Methode des ›Kapitals‹ in einer französischen Übersetzung zitiert, die den Sinn entstellt: ›Ma méthode analytique ne part pas de l'homme, mais de la période sociale économiquement donnée ...‹ Das deutsche Original lautet: ›(Wagner), der nicht einmal bemerkt hat, daß meine *analytische* Methode, die nicht von *dem* Menschen, sondern der ökonomisch gegebenen Gesellschaftsperiode ausgeht, mit der professoraldeutschen Begriffsanknüpfungs-Methode nichts gemein hat ...‹ Der Begriff ›ökonomisch gegebene Gesellschaftsperiode‹ wird von Marx nicht als bloß objektiv, von der Tätigkeit der menschlichen Individuen losgerissen verstanden. Die Marxsche Bemerkung dokumentiert nicht den theoretischen Antihumanismus, sondern verwirft lediglich, von dem ideologisch verstandenen ›Menschen überhaupt‹ (*der* Mensch) auszugehen und fordert eine Theorie, die von den ›wirklichen‹ Menschen im Sinne des praktischen Materialismus ausgeht.« Zelený, *Die Wissenschaftslogik bei Marx und ›Das Kapital‹*, Frankfurt am Main 1968, S. 290–291.

In der deutschen Übersetzung von *Pour Marx* (*Für Marx*, a.a.O., S. 168), die das Zitat ohnehin nicht korrekt wiedergibt (»Gesellschaft« statt »Gesellschaftsperiode«) ist dieser Effekt des Althusserschen Irrtums verlorengegangen, weil wie bei Marx im deutschen Text von »*dem* Menschen« die Rede ist. Daß Althusser sich auf die

»Randglossen« aus den Jahren 1879 und 1880 bezieht, beruht auch auf der Notwendigkeit, seiner eigenen Periodisierung des Marxschen Werkes treu zu bleiben und den »theoretischen Anti-Humanismus« vom späten (»reifen«) Marx her zu begründen. Denn bekanntlich besteht ein wesentlicher Teil der Polemik gegen Hegel, Feuerbach und die wahren Sozialisten, wie sie sich in der »Deutschen Ideologie« findet, im Vorwurf, konsequent die Verhältnisse bestimmter Individuen in Verhältnisse *des* Menschen umzudeuten. *MEW* 3, 19, 40 f., 48, 69, 442. Vgl. auch Cesare Luporini über die »Ökonomisch-philosophischen Manuskripte«: »Il y a là, quoique seulement *en germe*, un appareillage conceptuel dont s'armera la prochaine ›critique de l'économie politique‹, *Capital* y compris.« »Introduction à l'idéologie allemande«, in: *L'homme et la société*, No. 7 (1968), S. 23.
Einen ähnlichen »philologischen Fehler« wie Zelený in bezug auf die »Randglossen« weist Stanley Pullberg Althusser in bezug auf die 6. Feuerbach-These nach. »Note pour une lecture anthropologique de Marx«, in: *Dialectique marxiste et pensée structurale. Les cahiers du Centre D'Etudes Socialistes*, No. 76–81 (1968), S. 111 ff.

60 Marx–Engels, »Die Deutsche Ideologie«, in *MEW* 3, 28.

61 Marx, *Grundrisse der Kritik der politischen Ökonomie* (Rohentwurf) 1857–58, Berlin 1953, S. 15. Einen durchgängigen Humanismus – der zusammengeht mit der anthropologischen Fragestellung – hat Alfred Schmidt nachgezeichnet: »Über Geschichte und Geschichtsschreibung in der materialistischen Dialektik«, in: *Folgen einer Theorie*, a.a.O., S. 103 ff.

62 Marx, *Grundrisse* . . ., a.a.O., S. 176.

63 Marx, »Das Kapital«, 1. Band, in *MEW* 23, 57. Erich Fromm betont daher auch, Marx sei – wie Spinoza und Freud – weder Determinist noch Nichtdeterminist, sondern »an alternativist« gewesen. Fromm, »The Application of Humanist Psychoanalysis to Marx's Theory«, in: Fromm (Hg.), *Socialist Humanism. An International Symposium*, New York 1966, S. 288 ff., hier S. 243. Vgl. dazu Popper, der in der Gegenüberstellung von Mill und Marx auf den Marxschen Anti-Psychologismus hinweist wie auf die Möglichkeit »of deciding such questions (nämlich die nach der Wirkung anthropologischer Faktoren, die Verf.) by experiment.« Karl R. Popper, *The Open Society and its Enemies*, Volume 2, London, Reprint 1969, S. 89.

64 *MEW* 23, 59.

65 *MEW* 23, 186.

66 *MEW* 23, 192.

67 Marx, »Das Kapital«, 3. Band, in: *MEW* 25, 824.

68 Marx, »Das Kapital«, 3. Band, in: *MEW* 25, 828. Vgl. zum

Verhältnis von Anthropologie und Skepsis, freilich nur Dilthey, Löwith und Plessner erwähnend, Odo Marquard, a.a.O., S. 237 (Anm. 2 der »Vorbemerkung«, dieser Band, S. 8.)

69 Jürgen Habermas, Einleitung zu *Protestbewegung und Hochschulreform*, Frankfurt am Main 1969, S. 44. An anderer Stelle hat Habermas diesen Vorbehalt gegen den »falschen Universalitätsanspruch(es) der Kritik« gerichtet. Jürgen Habermas, »Der Universalitätsanspruch der Hermeneutik«, in: *Hermeneutik und Dialektik I*, Tübingen 1970, S. 103.
Dieser – notwendige – Vorbehalt kann freilich verschieden formuliert werden, bei Gehlen lautet er so: »Für die geltenden Verhältnisse kann man immer die Übersehbarkeit ihrer Mißstände anführen, die Kosten der idealistischen Veränderung sind noch unbekannt, die Motive der Umstürzler kennt niemand.« Gehlen, *Moral und Hypermoral*, a.a.O., S. 25.
Formal ähnliche Überlegungen, im Rahmen eines »konkreten« Programms, das wir hier nicht diskutieren können, bei Georg Siebert, »Sozialökonomische Möglichkeiten. Probleme ihrer Verwirklichung«, in: *Marxismus-Studien*, Fünfte Folge, Tübingen 1968, S. 197 ff. Siebert skizzierte Erkenntnisse, »die heute als so gesichert gelten, daß sie wirtschaftspolitische Praxis ohne erhebliches Risiko begründen können.« Vgl. insbesondere S. 224 f.

70 Jürgen Habermas, *Erkenntnis und Interesse*, a.a.O., S. 344.

71 Karl-Otto Apel, »Szientistik, Hermeneutik, Ideologiekritik«, in: *Wiener Jahrbuch für Philosophie* I (1968), S. 39 ff.

72 Karl-Otto Apel, »Szientismus oder transzendentale Hermeneutik?«, in: *Hermeneutik und Dialektik I*, Festschrift für Gadamer, Tübingen 1970, S. 142.

73 Herbert Marcuse, *Triebstruktur und Gesellschaft*, Frankfurt/Main 1955, S. 17.

74 Vgl. Ernest W. Burgess, »The Influence of Sigmund Freud upon Sociology in the United States«, in: *American Journal of Sociology* XLV (1939/40).

75 E. W. Burgess, *a.a.O.*

76 Das geht zum Beispiel aus der Darstellung von Gisela J. Hinkle, *The Role of Freudianism in American Sociology*, Doct. Diss. Univ. Wisconsin 1951, hervor.

77 Vgl. Wolfgang Schoene, *Über die Psychoanalyse in der Ethnologie*, Dortmund 1966.

78 Vgl. Wolfgang Schoene, *a.a.O.*

79 Talcott Parsons, *Social Structure and Personality*, New York 1964, S. 3 (Dt. *Sozialstruktur und Persönlichkeit*, Frankfurt am Main 1968, S. 7); »Psychoanalysis and Social Science with Special Reference to the Oedipus Problem«, in F. Alexander und H. Ross (Hg.), *Twenty Years of Psychoanalysis*, New York 1593, S. 192.

80 Als Indizien für die Abkehr vom Triebdeterminismus wertet Parsons die Neutralisierung der Antriebskategorien im Rahmen der energieökonomischen Theorie und die Theorie von Eros und Thanatos, mit der Freud sich ganz eindeutig von den Theoretikern distanziere, die die Verhaltensdeterminierung von spezifischen angeborenen Verhaltensmustern abhängig machen; da er die historische Dimension aus seiner soziologischen Systemtheorie ausklammert, berührt es Parsons wenig, daß die späte Triebtheorie Freuds einer objektivistischen Geschichtskonstruktion Vorschub leistet, nach der die Triebstruktur über das Gattungssubjekt hinweg die Geschichte bestimmt und damit in Naturevolution auflöst.

81 Vgl. Joachim E. Bergmann, *Die Theorie des sozialen Systems von Talcott Parsons*, Frankfurt am Main 1967, und H. Nolte, *Psychoanalyse und Soziologie*, a.a.O.

82 Th. W. Adorno, »Zum Verhältnis von Soziologie und Psychologie«, in: *Frankfurter Beiträge zur Soziologie*, Bd. 1, 1955; H. Marcuse, *a.a.*O.

83 H. Marcuse, *a.a.*O., S. 39.

84 H. Marcuse, *a.a.*O., S. 10.

85 Th. W. Adorno, *a.a.*O., S. 27. Vgl. Adorno, *Minima Moralia*, Frankfurt 1964, S 68 ff.

86 H. Marcuse, *a.a.*O., S. 39.

87 H. Marcuse, *a.a.*O., S. 39; vgl. Jean Laplanche, »Notes sur Marcuse et la psychanalyse«, in: *La Nef*, Nr. 36 (1969). Dt.: »Über Marcuse und die Psychoanalyse«, *Internationale marxistische Diskussion 6*, Berlin 1970.

88 »Fragen einer psychoanalytischen Sozialpsychologie«, in: *Psyche* XXII (1968), S. 896–911.

89 S. Max Horkheimers Vorwort zum ersten Jahrgang der *Zeitschrift für Sozialforschung* im Jahre 1932, in dem er »die Ausbildung einer den Bedürfnissen der Geschichte entgegenkommenden Sozialpsychologie als eine besondere Aufgabe der Zeitschrift« bezeichnet (S. II).

90 Jürgen Habermas, »Dogmatismus, Vernunft und Entscheidung – Zu Theorie und Praxis in der verwissenschaftlichten Zivilisation«, in: *Theorie und Praxis*, Neuwied u. Berlin 1967, S. 231.

91 *Psychoanalyse*, Frankfurt/Main 1968.

92 Peter Brückner, »Fortschritte der analytischen Sozialpsychologie in Deutschland«, in: *Kölner Zeitschrift f. Soziologie u. Sozialpsychologie*, XV (1963), S. 681.

93 P. Brückner, Th. Leithäuser, W. Kriesel, *a.a.*O., S. 7 f.

94 *Die Zeit* von 5. 1. 1968 – A. Gehlen, bisher mit seiner These von der Plastizität und Nichtfestgelegtheit der menschlichen Antriebsstrukturen eine *originelle* Spielart konservativer Anthropologie vertretend, argumentiert nun ebenfalls *traditionell*,

wenn er bekennt, in seiner Theorie bisher den Aggressionstrieb nicht genügend berücksichtigt zu haben. Vgl. A. Gehlen, *Moral und Hypermoral. Eine pluralistische Ethik.* Frankfurt/Main–Bonn 1969, S. 42 f. Zu diesem Wandel in der Auffassung Gehlens vgl. diesen Band S. 83 ff.

95 Sigmund Freud, *Gesammelte Werke* (im folgenden *G. W.*), Bd. XIV, S. 333, 364 ff. – Wir beziehen uns hier auf die von A. Freud, E. Bibring, W. Hoffer, E. Kris und O. Isakower unter Mitwirkung von Marie Bonaparte herausgegebene, im S. Fischer Verlag, Frankfurt/M., erschienene Ausgabe.

96 Vgl. Siegfried Bernfeld, »Freud's Earliest Theories and the School of Helmholtz«, in: *The Psychoanalytic Quarterly* 13, 1944.

97 Die manifeste Zwiespältigkeit des Freudschen Erkenntnisinteresses, die es nahelegt, einen positivistisch-konservativen von einem kritisch-emanzipatorischen Freud zu unterscheiden und dem emanzipatorischen Freud den positivistischen zu verzeihen, ist ein Grund dafür, daß in den Interpretationen von Jürgen Habermas in *Erkenntnis und Interesse* die Deutung Marxens – dem ein verschwiegener Positivismus zur Last gelegt wird – gegenüber der Freud-Hermeneutik leicht zu negativ gerät; die Deutung Freuds kommt dem Gegenstand näher, obgleich Habermas die Trennungslinie zwischen positivistischer Metapsychologie und emanzipatorischer Gesellschaftstheorie wohl etwas zu scharf zieht. – Die Interpretationen Habermas' resultieren aus einer historischen Situation, in der es sowohl darauf ankommt, eschatologisch ausgerichtete Gewißheiten eines dogmatischen Marxismus zu bekämpfen wie die Freudsche Psychoanalyse mit marxistischen Ansätzen zu vermitteln.

98 *G.W.* Bd. XIV, S. 547.

99 *G.W.* Bd. XVI, S. 32.

100 *G.W.* Bd. V, S. 141.

101 *G.W.* Bd. V, S. 141 f., Bd. XI, S. 360.

102 *G.W.* Bd. XVII, S. 67 f.

103 *GW.* Bd. XIII, S. 267. Ein Aspekt, den z. B. Adorno in seiner Freud-Kritik der *Minima Moralia* unterschlägt.

104 *G.W.* Bd. VIII, S. 89.

105 *G.W.* Bd. XIV, S. 465.

106 *A.a.O.*, S. 465 f., Anm. 2.

107 *G.W.* Bd XIV, S. 438.

108 Vgl. diesen Band, S. 118 ff. und S. 139 f.

109 Max Horkheimer, »Geschichte und Psychologie«, *a.a.O.*

110 *G.W.* Bd. XV, S. 194.

111 *MEW*, Bd. 3, S. 18. Textvariante.

112 *G.W.* Bd. XIV, S. 434 f.

113 Vgl. W. Schoene, *a.a.O.*

114 *G.W.* Bd. V, S. 61, Anm. 1.

115 *A.a.O.*, S. 78.

116 Herbert Marcuse, »Trieblehre und Freiheit«, in: *Psychoanalyse und Politik*, Frankfurt am Main 1968, S. 27.

117 *G.W.* Bd. XVI, S. 69.

118 *G.W.* Bd. XVI, S. 86.

119 *G.W.* Bd. X, S. 374.

120 *G.W.* Bd. XVI, S. 25 f.

121 *G.W.* Bd. X, S. 336.

122 *G.W.* XIV, S. 326 f. – Hervorheb. v. uns, die Verf.

123 *G.W.* XIV, S. 327.

124 *G.W.* XIV, S. 335 f.

125 *G.W.* XIV, S. 327 ff. Unsere Hervorhebung, die Verf.; Freud nimmt hier Ideen Kants auf. Dessen Polemik gegen ein arkadisches Schäferleben, in welchem die Menschen das »Leere der Schöpfung in Ansehung ihres Zwecks, als vernünftige Natur, nicht ausfüllen« würden, richtet sich ebenso gegen die Vorstellung, der Mensch sei »gut«, wie die Definition des Menschen als eines Tieres, »das, wenn es unter andern seiner Gattung lebt, *einen Herren nötig hat*« (»Idee zu einer allgemeinen Geschichte in weltbürgerlicher Absicht«, *a.a.*O.). Wenn Gehlen sich aber auf Kant und Freud – gerade unter diesen Gesichtspunkten – beruft, so in beiden Fällen in unzulässiger Weise. Denn weder Kant noch Freud lassen sich derart eindeutig einer konservativen Anthropologie, wie Gehlen sie neuerdings noch kräftiger formuliert hat (*Moral und Hypermoral,* a.a.O.), zuordnen. Jener nicht, weil trotz seines realistisch-pessimistischen Ausgangspunktes der Optimismus einer regulativen Idee, eines frühen Prinzips Hoffnung, durchschlägt, dieser, weil trotz konservativer Ansätze das Emanzipatorische seiner Anthropologie sich nicht verleugnen läßt.

126 *G.W.* XIV, S. 328, S. 330 f. Unsere Hervorhebung, die Verf.

127 *G.W.* XIV, S. 331.

128 *G.W.* XVII, S. 108.

129 *G.W.* XIV, S. 471.

130 *MEW* Bd. 3, S. 460.

131 *MEW* Bd. 4, S. 91/92; unsere Hervorhebung, die Verf.

132 Marx, Brief an Engels vom 18. Juni 1862, in: Marx–Engels, *Ausgewählte Briefe,* a.a.O., S. 155. Borkenau hat den bourgeoisen Charakter der auf Hobbes zurückgehenden Argumentationsweisen so beschrieben: »Das gesellschaftliche Leben erscheint zunächst nicht als von objektiven vernünftigen Normen, sondern als von unvernünftigen Trieben geleitet ... So steht die Kontingenz in der Hobbes'schen Staatslehre am Ausgangspunkt ... der Versuch, ihre natürliche Notwendigkeit aufzuzeigen, sie zu reduzieren, macht nur das Grundproblem *aller* bürgerlichen Philosophie offen-

bar: den doppelten Naturbegriff. Natur ist einmal rein kontingentes, bloß kausal bestimmtes Geschehen, das andere Mal rationale Norm; dies darum, weil die zu deduzierenden Normen mit den Triebzielen in keiner Weise übereinstimmen ... Im zweiten, dem die Souveränität konstituierenden Naturrecht, bricht daher wieder das rational-evidente normative Naturrecht durch und zerreißt den Schleier eines scheinbar nur die kausalen Naturzusammenhänge formulierenden Beweisganges.« Franz Borkenau, *Der Übergang vom feudalen zum bürgerlichen Weltbild. Studien zur Philosophie der Geschichte der Manufakturperiode*, Paris 1934, S. 471 f. Vgl. zu dieser Problematik Serge Moscovici, *Essai sur l'histoire humaine de la nature*, Paris 1968.

133 Vgl. die von dieser Position aus argumentierende Gehlen-Kritik von Dieter Claessens, *Instinkt, Psyche, Geltung*, Köln–Opladen 1968, [2]1970.

134 Vgl. Arnold Gehlen, »Über die Geburt der Freiheit aus der Entfremdung«, in: *Studien zur Anthropologie und Soziologie*, Neuwied/Berlin 1963.

135 *G.W.* XIV, S. 472 f. Unsere Hervorhebungen, die Verf. Vgl. hierzu und zum folgenden die Einleitung von Hans Jörg Sandkühler zu Bernfeld, Reich u. a., *Psychoanalyse und Marxismus. Dokumentation einer Kontroverse*, Frankfurt a. M. 1970.

136 *A.a.O.*, Anm. 1.

137 Marx, »Ökonomisch-philosophische Manuskripte«, *a.a.*O., S. 540.

138 Ders., *Grundrisse* ..., a.a.O., S. 9.

139 Marx, »Ökonomisch-philosophische Manuskripte«, *a.a.*O.

140 *A.a.*O., S. 534.

141 *A.a.*O.

142 *G.W.* XIV, S. 473.

143 *G.W.* XIV, S. 327.

144 *A.a.*O., S. 329.

145 *G.W.* XIV, S. 505 f.

146 *G.W.* XV, S. 110 f.

147 *G.W.* VIII, S. 91.

148 Alexander Mitscherlich, »Über Feindseligkeit und hergestellte Dummheit«, in: *Ansprachen anläßlich der Verleihung des Friedenspreises*, hg. vom Börsenverein des Deutschen Buchhandels e. V., Frankfurt am Main 1969, S. 42.

149 *G.W.* VIII, S. 91.

150 *G.W.* XIV, S. 506. An dieser Stelle deutet sich ein anderer Modus der Ontologisierung an, der den Abbau der menschlichen Kulturfeindlichkeit dem über die Geschichte hinweggreifenden Kampf der Naturgewalten Eros und Thanatos überläßt: »Die Menschen haben es jetzt in der Beherrschung der Naturkräfte so

weit gebracht, daß sie es mit deren Hilfe leicht haben, einander bis auf den letzten Mann auszurotten. Sie wissen das, daher ein gut Stück ihrer gegenwärtigen Unruhe, ihres Unglücks, ihrer Angststimmung. Und nun ist es zu erwarten, daß die andere der beiden ›himmlischen Mächte‹, der ewige Eros, eine Anstrengung machen wird, um sich im Kampf mit einem ebenso unsterblichen Gegner zu behaupten. Aber wer kann den Erfolg und Ausgang voraussagen?« *(a.a.O.)* In »Die Zukunft einer Illusion« wird die Hoffnung auf gesellschaftliche Veränderungen durch die Gewißheit der Selbstentfaltung des Intellekts eingeschränkt, mithin Hoffnung durch Gewißheit begrenzt. Marx gerät in die Gefahr zu ontologisieren, wenn er sich der emanzipatorischen Chance sicher sein will, Freud argumentiert im Rahmen einer ontologischen Anthropologie, wenn es gilt, konservative Argumente abzusichern. Insofern bildet die hier sich andeutende Position eine Ausnahme von der beschriebenen Regel, eine Ausnahme freilich, die es gestattet, in der Freudschen Anthropologie systematisch den emanzipatorischen Charakter herauszustellen.

151 *G.W.* XIV, S. 325.

152 *G.W.* XIV, S. 329 f. Unsere Hervorhebung, die Verf.

153 Dieser Zusammenhang von Anthropologie und Praxisbegriff läßt sich deutlich am *Kursbuch* 14/1968 zeigen, das der »Kritik der Zukunft« gewidmet war. Hervorzuheben sind dabei die Beiträge von Bahman Nirumand und Eckhard Siepmann: »Die Zukunft der Revolution«, *a.a.O.*, S. 71 ff., und »Ein Gespräch über die Zukunft mit Rudi Dutschke, Bernd Rabehl und Christian Semler« (und H. M. Enzensberger), *a.a.O.*, S. 146 ff. Daß die Frage der Beziehung von Anthropologie und Praxis dabei nicht vorweg und auch nicht endgültig entschieden werden kann, zeigt sich im letztgenannten Beitrag vor allem daran, daß die Rede weder von Utopien noch von Planungsvorstellungen ist, sondern sich um den nun beginnenden, aber erst in der Zukunft vollendbaren *Transformationsprozeß* dreht. Andererseits enthält auch gerade dieses Gespräch anthropologische »Glaubenssätze«: »Wir dürfen auch nicht vergessen, daß in einer neuen Gesellschaft neue Menschen entstehen ... Ich glaube, die Neurose verschwindet mit dem Umbau der Gesellschaft« (Rabehl, *a.a.O.*, S. 171). Eine scharfe Kritik an derartigen Aussagen hat, freilich von einem begrenzt-orthodoxen marxistischen Standpunkt, Hans G Helms formuliert: *Fetisch Revolution. Marxismus und Bundesrepublik*, Neuwied und Berlin 1969. Näher am Problem ist, mit überraschenden Pointen, Karl Markus Michel, »Herrschaftsfreie Institutionen? Sieben Thesen über die Unmöglichkeit des Möglichen«, in: *Kursbuch* 19/1969, S. 163 ff.

154 *G.W.* XIV, S. 365.

155 *G.W.* XIV, S. 369.

156 *G.W.* XIV, 370. Unsere Hervorhebungen, die Verf.

157 *G.W.* XIV, S. 371 f. und 376. Unsere Hervorhebungen, die Verf.

158 *G.W.* XV, S. 197.

159 *A.a.O.*, S. 196

160 *G.W.* Bd. VIII, S. 115. Unsere Hervorhebungen, die Verf.

161 *A.a.O.*, S. 33.

162 Vgl., als scharfe Polemik gegen eine solche Auffassung den Aufsatz von Helmut Schoeck, »Relativistic Absolutists and Public Policies«, in: Schoeck u. Wiggins (Hg.), *Relativism and The Study of Man,* Princeton 1961, S. 74 ff.
Nach Abschluß unseres Manuskriptes fanden wir folgende Stelle bei Valéry, die wir wegen der Parallelität des Gedankenganges zitieren wollen. Valéry will erklären, warum wir – im Gegensatz zu Descartes – uns kein festes Bild des lebenden Wesens machen können: »Il nous apparaît que nous ne pouvons songer à nous arrêter un moment sur cette pente fatale de découvertes, pour nous faire, tel jour, à telle heure, une idée bien établie de l'être vivant. Mais, du temps de Descartes, il n'était pas absurde de le concevoir ... *mais nous, nous avons contre nous la quantité et l'inconnu des possibilités expérimentales.*« »Les pages immortelles de Descartes, choisies et expliquées par Paul Valéry«, Paris 1946, S. 58. Unsere Hervorhebung, die Verf.

Anthropologie und Gesellschaftskritik
Zur Kontroverse Gehlen-Habermas*

In der »Deutschen Ideologie« sprechen Marx und Engels von der »Wissenschaft der Geschichte« als der einzigen Wissenschaft. Diese soll »von zwei Seiten aus betrachtet, in die Geschichte der Natur und die Geschichte der Menschen abgeteilt werden« können.

Freud kennt in der »Neuen Folge der Vorlesungen zur Einführung in die Psychoanalyse« »nur zwei Wissenschaften«, nämlich »Psychologie, reine und angewandte, und Naturkunde«. Gesellschaftstheorie wird in diese Dichotomie miteinbezogen, ist Soziologie doch für Freud hier nichts anderes als angewandte Psychologie.

Im »Leviathan« trennt Hobbes Naturgeschichte, das heißt die »Geschichte solcher Dinge oder natürlichen Vorgänge, auf die der menschliche *Wille* keinen Einfluß hat«, von Sozialgeschichte, »worunter man die Geschichte der menschlichen Willenshandlungen im Staate versteht«.

Wie das Gegensatzpaar auch heißen mag: Geschichte der Natur und Geschichte der Menschen, Naturkunde und Psychologie, Naturgeschichte und Sozialgeschichte – jedes Mal ist mit ihm ein charakteristischer Zusammenhang von Anthropologie und Gesellschaftstheorie benannt. Weil es sich dabei um den Verdacht eines »geheimen Gegensatzes zwischen der Konstitution des Menschen und der der Gesellschaft« (Rousseau) handelt, ist dieser Zusammenhang durch die Konstruktion von Gesellschafts*theorie* als Gesellschafts*kritik* gekennzeichnet.

Gesellschaftstheorie als Gesellschaftskritik nun kann aus den gleichen anthropologischen Prämissen verschiedene soziologische Konsequenzen, wie aus unterschiedlichen Voraussetzungen gleiche Folgerungen ziehen. Dabei läßt sich eine *starre* von einer *flexiblen* Naturauffassung unterscheiden.

Zwar erscheint bei Hobbes wie bei Rousseau die Naturbasis

* Ein Vorabdruck dieses Artikels ist in der *Soziologen-Korrespondenz*, 1. Jhg. 1970, Heft 4, erschienen; eine englische und eine französische Übersetzung sind für Vol. III, No. 2, 1971 der Zeitschrift *The Human Context* (London) in Vorbereitung.

festgelegt, aber während Hobbes das Zusammenleben der Menschen durch den »Streit« charakterisiert, der »in der menschlichen Natur begründet ist«, ersticken nach Rousseau gerade die sozialen Einrichtungen, »in die wir eingetaucht sind«, unsere wahre Natur. Denn, so beginnt der »Emile«: »Alles ist gut, wenn es aus den Händen des Urhebers der Dinge hervorgeht; alles entartet unter den Händen der Menschen.« Wer daher »in der bürgerlichen Gesellschaft sich die Ursprünglichkeit seiner natürlichen Gefühle bewahren will, weiß nicht, was er will«.

Rousseau kritisiert eine Gesellschaft, die die Natur des Menschen verformt, Hobbes' Kritik gilt der Sozietät, die die Schrecken der menschlichen Natur nicht in ihre Schranken zwingt [1]; dabei gründet sich das *Natur*gesetz auf die *Vernunft*, und die Naturgesetze insgesamt laufen unseren *natürlichen Trieben* zuwider (»Leviathan«, XIV und XVII).

Umgekehrt lassen sich aus der Annahme einer flexiblen Natur ebenfalls konträre Konsequenzen ziehen. In der Anthropologie des jungen Marx geht der Veränderung der Gesellschaft die der Natur parallel, so daß endlich die Gesellschaft als die »vollendete Wesenseinheit des Menschen mit der Natur, die wahre Resurrektion der Natur, der durchgeführte Naturalismus des Menschen und der durchgeführte Humanismus der Natur« erscheint. Arnold Gehlen dagegen schließt aus der Annahme einer plastischen, nicht festgelegten, veränderbaren Human-Natur auf die Notwendigkeit rigider Institutionen hier und jetzt: ist die Veränderbarkeit der Natur für Marx der Anstoß zur verändern wollenden Utopie, so für Gehlen Anlaß seiner Angst vor der »fürchterlichen Natürlichkeit«.

Aus dieser Skizze mag deutlich werden, auf welch beliebige Weise ein Zusammenhang von Anthropologie und Gesellschaftskritik hergestellt werden kann. Zwar sind wir in der Lage, biologische Konstanten der menschlichen Natur zu benennen. Jeder Versuch jedoch, aus diesen Konstanten einen »permanent code of preferred human conduct« [2] abzuleiten, ist bis heute daran gescheitert, daß diese Konstanten zu allgemeiner Natur sind, um menschliches Verhalten sinnvoll zu erklären. Entweder erweist sich das Erklärte als bloß trivial, oder es gelingt nicht, eine Verknüpfung zwischen determinierender Konstante und konkretem Verhalten herzustellen. Und auch Versuche – für die das Werk Malinowskis beispielhaft ist –, biologische Bedürfnisse als primäre von sogenannten sekundären, kulturell überformten Bedürfnissen zu unterscheiden, lösen das Kernproblem nicht, solange ihnen nicht die zwingende Ableitung der Sekundär- aus den Primärbedürfnissen gelingt. Meist handelt es sich um Zirkelschlüsse.

Aber selbst über das, was wir als Konstanten anzusehen haben, herrscht keine Einigkeit. Während z. B. auf der einen Seite behauptet wird, daß die visuellen Fähigkeiten des Menschen sich während des Zeitraums menschlichen Lebens auf diesem Globus überhaupt nicht verändert haben, sind ganze Sammelbände dem Nachweis gewidmet, daß auch solche Fähigkeiten von Kultur zu Kultur variieren [3].

Die »Wissenschaft vom Menschen« als »Kritik« zu entwerfen, wie Jürgen Habermas es in »Erkenntnis und Interesse« tut, bleibt daher solange ein nur formaler Vorschlag, als noch keine Anthropologie vorliegt, aus deren naturwissenschaftlich abgesicherten Prämissen *eine bestimmte* Gesellschaftskritik abgeleitet werden könnte. Daß die Anthropologie bis heute den Status einer Naturwissenschaft nicht erreicht hat, daß darüberhinaus bezweifelt werden kann, ob die »Wissenschaft vom Menschen« je Naturwissenschaft zu werden vermag – ein Zweifel, der durch die »anthropofugale Bewegung« (Lorenz Krüger) der Naturwissenschaften noch verstärkt wird –, erklärt die immerwährende Modernität des Streits um eine »richtige« Anthropologie. Heute deutet manches daraufhin, daß nach dem Positivismusstreit der sechziger Jahre nunmehr die Anthropologie-Diskussion wieder ins Zentrum der soziologischen Auseinandersetzung rückt.

Habermas' Gehlen-Kritik

Der langsam versickernde Positivismusstreit [4] hat in der Bundesrepublik nicht das Interesse einer über die Fachwelt hinausreichenden Öffentlichkeit finden können. Das lag – obwohl sie sehr bald zum Weltanschauungsstreit wurde – an der geringen politischen Griffigkeit dieser die Sozialwissenschaften über einen langen Zeitraum prägenden Auseinandersetzung. Anders nämlich, als manche Kommentatoren glauben machen wollten, ließen sich in diesem Disput die kontroversen Standpunkte *politisch* nicht eindeutig genug fixieren – es gibt ebenso »linke« Positivisten wie »rechte« Dialektiker. Jetzt aber scheint eine Auseinandersetzung zwischen Links- und Rechtsintellektuellen [5] – Jürgen Habermas hat diese Kennzeichnung des Konflikts angeboten – bevorzustehen, in der es für alle Beteiligten auch um die Behauptung ihrer politischen Identität geht. Diese Kontroverse betrifft nicht nur zwei soziologische »Schulen«, sie spielt sich nicht ausschließlich innerhalb der Wissenschaft ab, ihr Kampfplatz ist nicht die Gelehrten-, sondern die Bundesrepublik.

Anlaß der Auseinandersetzung war Arnold Gehlens letztes Buch »Moral und Hypermoral« [6], vom Autor selbst als »eine pluralistische Ethik« bezeichnet, in Wirklichkeit eher die Polemik eines in der Nachkriegsgesellschaft einsam gebliebenen Konservativen gegen den Intellektuellen-Betrieb in der Bundesrepublik und daneben, von der Öffentlichkeit allerdings am wenigsten beachtet, eine Revision der Gehlenschen Anthropologie durch ihren Urheber selbst.

Jürgen Habermas hat die Gehlensche »Ethik« scharf kritisiert [7] – aber seine Philippika richtet sich in Wahrheit nicht gegen eine Ethik, sondern gegen eine Anthropologie, und der Angriff, den er vorträgt, fällt umso schärfer aus, weil Habermas selbst heute ein anthropologisches Programm für die Sozialwissenschaften entwirft.

Den Kernpunkt der Auseinandersetzung zwischen Gehlen und Habermas haben die bisherigen Kommentatoren der Debatte mehr oder minder übersehen. Vorschnell haben Rudolf Augstein [8] und Rüdiger Altmann [9] sich auf die Kontroverse zwischen Rechts- und Links-Intellektualismus beschränkt. Margret Boveri, wie Hannah Arendt von Habermas indirekt zur Stellungnahme aufgefordert, hat nur einiges über sich, nichts über den Streit selbst und ihre Meinung dazu, mitgeteilt [10].

Beachtung verdient es, daß eine Auseinandersetzung wie die zwischen Arnold Gehlen und Jürgen Habermas so schnell und so ausführlich in der auf ein breiteres Publikum ausgerichteten Publizistik dargestellt wurde. Darin zeigte sich freilich auch eine Gefahr.

Blieben frühere Kontroversen, wie der genannte Positivismusstreit, wissenschaftlich hermetisch und daher öffentlich

wirkungslos, so bahnt nun eine politische Auseinandersetzung sich an, von deren wissenschaftlichen Voraussetzungen kaum noch die Rede ist. Daraus vor allem erklärt sich die Flinkheit, mit der Rudolf Augstein seine Definitionen in Form eines preziösen, inhaltlich dabei falschen Chiasmus produziert: Der Streit erscheint ihm »aufgehängt zwischen einem Marxisten, der die Anthropologie nicht für voll nimmt, und einem Anthropologen, der von Marx nichts wissen will« – als ob eine Pointe der Auseinandersetzung zwischen Habermas und Gehlen nicht darin läge, daß Habermas nun, da der klassische Marxismus in Form einer Kritik der politischen Ökonomie zur Begründung von Gesellschaftskritik nicht mehr auszureichen scheint, auf Anthropologie zurückgreift.
Rüdiger Altmann kommt der Pointe näher, wenn er sich vom Eindruck »belästigt« fühlt, die Kritik von Habermas ende »halb und halb in einer Verteidigung Gehlens«, liefert aber mehr ein Stimmungsbild, als bis zur Analyse solcher »Belästigung« vorzudringen.
Will man zum Kern der Auseinandersetzung Gehlen–Habermas vorstoßen, so ist folgender Rückblick notwendig: In der ersten, im Jahre 1958 erschienenen Auflage des Fischer-Lexikons »Philosophie« (hgg. von Alwin Diemer und Ivo Frenzel) eröffnete Habermas den Band mit einem Artikel »Anthropologie«, der eine scharfe Auseinandersetzung mit Gehlen enthielt. Habermas' Kritik richtete sich gegen Versuche, einen »Katalog *anthropologischer Konstanten*« aufzustellen, eine Wissenschaft, die daran festhalte, werde »unkritisch und führt am Ende gar zu einer Dogmatik mit politischen Konsequenzen, die umso gefährlicher ist, wo sie mit dem Anspruch wertfreier Wissenschaft auftritt«.
Erinnert man sich dieses »Vorläufers« im Streit zwischen Habermas und Gehlen, so gewinnt das Moratorium, das alte und neue Polemik trennt, an Gewicht [11]. Gründe für diesen Stillstand sind zu suchen und Ursachen dafür, daß die Polemik *jetzt* wieder aufgenommen worden ist. Ein Grund scheint mir darin zu liegen, daß nicht mehr der Habermas des »Anthropologie«-Artikels angreift und nicht mehr der Arnold Gehlen, der 1956 »Urmensch und Spätkultur« veröffentlicht hatte, der Angegriffene ist. Wird diese Wandlung der Kontrahenten nicht berücksichtigt, wird die Kontroverse – siehe Augstein – falsch dargestellt.

Zunächst gehe ich auf die gewandelte Auffassung Gehlens ein. Deren Bedeutung lag ursprünglich in der *originellen Konstruktion einer konservativen Anthropologie:* Nicht Instinkte passen den Menschen in die Institutionen ein, vielmehr bedarf die Plastizität und Nichtfestgelegtheit der menschlichen Antriebsstruktur einer festigenden institutionellen Stütze. Die von Gehlen permanent beschworene, warnend ausgemalte »fürchterliche Natürlichkeit« drückt keine Furcht vor den Instinkten oder Instinktresten des Menschen, sondern vor den Folgen seiner Instinktentbindung aus. Dabei gilt Gehlens Bewunderung ausdrücklich jedem *instinktanalogen* Verhalten – so den »Leistungen der Jongleure und Akrobaten, die ... ihren Verstand gewissermaßen in ihre Glieder herabüben«, wie es in den »Reflexionen über Gewohnheit«, 1927 in der Driesch-Festschrift erschienen, heißt.
Die Institutionen, die an die Stelle der Instinkte treten, sind die »obersten Führungssysteme«, wie es in der Erstauflage von »Der Mensch« (1940) heißt; sie setzen menschlichem Handeln die Maßstäbe. Eben deshalb kann Gehlen in dieser Phase auf eine ausgeführte *Ethik* verzichten: sie ist in der Institutionentheorie und im Konzept des Menschen als »Zuchtwesen« bereits vollständig enthalten. »Die mit dem Dasein des Menschen chronisch und in jeder Generation neu gesetzte Aufgabe der Formierung des Antriebslebens wird von der Erziehung, nach ihr von der Selbstzucht des Menschen unter immer neuen Bedingungen notwendig immer neu angefaßt. Der Inbegriff der Formierung heißt *Sittlichkeit,* und sie ist, wie hier nachgewiesen wurde, eine allein beim Menschen vorhandene biologische Notwendigkeit.« [12]
In der Annahme, der Mensch könne seine *anthropologische* Bestimmung nur in den *Institutionen* verwirklichen, entspricht die Gehlensche »Ethik« – die Gehlen vor dem Erscheinen von »Moral und Hypermoral« nicht »Ethik« zu nennen brauchte – dem klassischen, aristotelischen Typ der Einheit von Institutionentheorie und Ethik, in dem »die menschliche Natur zur Substanz der ethischen Institutionen und damit zum Richtmaß allen politischen Handelns und aller rechtlichen Satzung« wird [13]. Um den Zusammenhang von Anthropologie, Institutionentheorie und Ethik zu verdeutli-

chen, der systematisch wichtig ist, liegt, wie Habermas es ebenfalls getan hat, der Hinweis auf Kant nahe. Wer nämlich, wie Kant in der »Idee zu einer allgemeinen Geschichte in weltbürgerlicher Absicht« (1784) vom Menschen als dem »krummen Holze« spricht, woraus »nichts ganz Gerades gezimmert werden kann«, und wer die Grundlage der Gattungsgeschichte im Antagonismus der Individuen, ihrer »ungeselligen Geselligkeit« erblickt, wird zum Entwurf einer Ethik geradezu gezwungen, die den Widerstreit von Pflicht und Neigung in den Mittelpunkt stellt und Neigung zugunsten von Pflicht verwirft.

Da Gehlen »Moral und Hypermoral« ausdrücklich als den Entwurf einer »Ethik« verstanden wissen will, liegt der Schluß nahe, diese Ethik solle nun bereitstellen, was die Institutionentheorie nicht länger zu liefern vermöchte: bindende Verhaltensanweisungen. Aber in »Moral und Hypermoral« deckt Gehlen nicht die Verbindung von Weltoffenheit des Menschen, Schwäche der institutionellen Sicherung und einer diese Schwäche kompensierenden Ethik auf, sondern bietet das Paradox eines ethischen Programms auf der Grundlage eines biologischen Determinismus.

Gehlen hat, trotz mancher Bemerkungen vor allem im Kapitel über die Institutionen, seine ursprüngliche Anthropologie revidiert. An entscheidender Stelle heißt es dazu: »In Übereinstimmung mit der Verhaltensphysiologie wird hier die Aggressivität als eine empirisch nachweisbare, biologische Vereigenschaftung aufgefaßt, und wir geben zu, ihre Bedeutung in dem Buche ›Der Mensch‹ nicht genügend berücksichtigt zu haben« [14]. Seinen früheren Konzeptionen entgegengesetzt, sieht Gehlen nun, zumindest in einigen Verhaltensbereichen, den Menschen als triebgesteuertes Wesen.

Wer aber seiner das Verhalten bestimmenden und die Institutionen in ihrer Rigidität prägenden anthropologischen Prämissen – mögen sie nun zu Recht oder Unrecht auf Freud bezogen sein – so sicher ist, der sollte auf den Entwurf einer Ethik verzichten können. Der neuen, weit stärker instinktbestimmten Anthropologie übergestülpt, wirkt sie als ein Surplus des biologischen Determinismus, läßt entweder auf die Brüchigkeit der Prämissen oder auf die Verunsicherung des Autors schließen. *Die Ethik ist von der Institutionentheorie in die Anthropologie gewandert*, eine Anthropologie freilich, die des ethischen Pathos gar nicht bedürfte. Nichts belegt den gemeinten Sachverhalt besser als der Gehlensche Begriff der »physiologischen Tugenden«. Wozu eine Ethik, wenn doch bereits die Physiologie die Tugend garantiert?

Hier interessiert weniger die Richtigkeit oder Falschheit der Gehlenschen Anthropologie, als der Anlaß zum Entwurf einer Ethik, die aufgrund der neu konzipierten Anthropologie entbehrlich erscheint. Habermas versucht – wie ich meine, zu Unrecht – diese »Ethik« mit »Urmensch und Spätkultur« in Verbindung zu bringen; in der Formulierung, Gehlen habe die Rolle des Stoikers aufgegeben, beschreibt er treffender das veränderte Verhältnis von Anthropologie, Institutionentheorie und ethischem Entwurf.

Es liegt nahe, in den politischen Ereignissen der letzten Jahre, vor allem in der Studentenrevolte, den Ursprung einer traumaartigen Erfahrung zu vermuten, die Gehlen die stoische Geste aufgeben und zum polemischen Ausbruch kommen ließ. Aus der Heftigkeit des Angriffs, den Gehlen gegen die Intellektuellenkultur richtet, läßt sich auf die Gefahr schließen, die er in ihr zu erblicken vermeint. Die immer von neuem beschworene Wirkungslosigkeit der »Interventionisten, Planisten und Vorredner« scheint die Furcht vor ihnen eher zu verdrängen, als daß sie sie bannte. Zwar hält Gehlen starr an der Kristallisationsthese fest, glaubt nach wie vor, im posthistoire zu leben, in dem die Alternativen ausformuliert sind und die Menschheit nur mehr mit ihren Beständen zu rechnen hat [15]. Aber die Brüche dieser Überzeugung deckt Gehlen selbst auf. Zwar soll die Industriegesellschaft einen »biologischen« Charakter angenommen haben, doch bleibt dieser »Organismus« dabei veränderbar genug: Immerhin haben sich die Institutionen denen, die sie zerstören wollten, geöffnet; unter dem Ansturm der quasi-aristokratischen Intelligentsia wird die Staatsautorität unstabil; der Soldat, der mit dem Baby auf dem Arm in die Kaserne einrückt, dokumentiert, daß die Stunde des Staates geschlagen hat. Leben wir tatsächlich im posthistoire?

In der Tat kann derjenige, der die realen Veränderungen in den Institutionen – etwa den Universitäten – miterlebt hat, Gehlens Beschwörung der Nachgeschichte nur als einen verzweifelten Appell empfinden. Diese Veränderungen haben

eben nicht nur Setzmaschinen und Fernsehscheiben bewegt, sondern längst alte Gesetze modifiziert und neue geschaffen, wie Gehlen übrigens selbst anmerkt, wenn er auf die ihn »verblüffende Erkenntnis« des Bundesverwaltungsgerichts hinweist, das nunmehr die Wehrdienstverweigerung aus politischen Motiven für zulässig erklärt hat.
Wer auf die Gehlenschen Metaphern achtet, wird eines tiefgreifenden Widerspruchs gewahr: Entscheidende Veränderungen in den Grundlagen unserer Gesellschaft sollen immer unwahrscheinlicher werden, doch wird z. B. plötzlich die Studentenrevolte, der die meisten Professoren sich unvorbereitet gegenübersahen, als »Großwetterlage« [16] gekennzeichnet und gewinnt so unversehens die Würde und Unentrinnbarkeit eines Naturereignisses.
Hier wird Gehlens Verunsicherung auch am deutlichsten sichtbar. Augsteins Behauptung, Gehlen sei von der Wirkungslosigkeit der Intellektuellenkultur überzeugt, trifft nicht zu. Ebensowenig geht er, wie Habermas meint, am »neuen Kulturanarchismus« achtlos vorbei. Eher meine ich, die »neue Anthropologie« Gehlens als Reaktion auf eine politische, aber nicht nur politische, Bewegung deuten zu können, die sich nicht mehr darauf beschränkt, die Institutionen anzugreifen, sondern die längst – etwa durch die Propagierung der »neuen Sinnlichkeit« – mit der anthropologischen Basis selbst experimentieren möchte. Weil einer solchen Haltung nicht mehr mit einer Anthropologie begegnet werden kann, die von der Instinktentbindung des Menschen und von der Plastizität seiner Antriebe ausgeht, *wird die Anthropologie rigide und die Ethik anthropologisch.*

Anthropologie und Gegenwartsanalyse

Ist für Arnold Gehlen die Verschiebung der »Ethik« von der Institutionenlehre in die Anthropologie bedeutsam, so für Habermas der Rückgriff auf Anthropologie überhaupt. Zwar setzt auch jetzt, wie schon im »Anthropologie«-Artikel von 1958, die Habermas'sche Kritik an der Gehlenschen Konstantenlehre an, am Versuch, »biologische Wurzeln« von Ethik und Moral freizulegen. Doch Habermas ist über eine Metakritik der Kritik der Politischen Ökonomie, wie Marx sie vorlegte, heute selbst beim Entwurf einer Anthropologie angelangt.

Daß Gehlens Anthropologie jetzt als »Ethik« auf biologistischer Grundlage erscheint, macht die Auseinandersetzung mit Habermas in dieser Form zwar erst möglich, verwischt aber die Konturen der Debatte. Bei Gehlen wie bei Habermas ist ein Rückgriff auf anthropologische Konstanten feststellbar, der aus der Erfahrung des gleichen politischen Phänomens – der Studentenrevolte – seine Rechtfertigung wie seinen Anlaß bezieht. Aber während Gehlen denen gegenüber, die nicht nur die Institutionen, sondern die Psyche ändern wollen, biologisch resigniert, hält Habermas der Revolte das Bild einer anthropologisch begründeten Utopie vor Augen, die zu ihrer Verwirklichung des Übergangs zur herrschaftsfreien Kommunikation hier und jetzt bedarf und an den Etappen dieser Verwirklichung gemessen werden wird. Des einen Furcht, des anderen Hoffnung, gewinnt der Rückgriff auf anthropologische Konstanten aufs neue an Bedeutung. Scheint es mir, wie ich gleich zeigen will, auch zweifelhaft, ob Gesellschaftskritik überhaupt anthropologisch begründet werden kann, so doch ohne Zweifel, daß eine Anthropologie in utopisch-emanzipatorischer Absicht die einzige ist, von der wir uns leiten lassen sollten.

Dennoch bleibt der Verbindung von Anthropologie und Gesellschaftskritik gegenüber, die Habermas zieht, Skepsis angebracht. Vor allem in den Aufsätzen »Arbeit und Interaktion« und »Technik und Wissenschaft als ›Ideologie‹« [17] glaube ich, die Aporien einer anthropologisch orientierten Gesellschaftskritik, die von einer soziologischen Gegenwartsanalyse ihren Ausgang nimmt, aufzeigen zu können.

Erst auf dem Umweg über eine Kritik an Marx, Max Weber und Marcuse entwickelt Habermas in den genannten Aufsätzen aus den Begriffen »Arbeit« und »Interaktion« ein Schema gesellschaftskritischer Analyse. Die Marxsche Kritik der Politischen Ökonomie gilt als veraltet, weil nicht länger die Produktionsverhältnisse vom Entwicklungsstand der Produktivkräfte bestimmt erscheinen; die verkürzte Perspektive der materialen Analysen Max Webers hängt systematisch mit der Ausklammerung des Verhältnisses von Methodologie und soziologischer Gegenwartsanalyse in dessen Wissenschaftslehre zusammen, Marcuses Forderung nach einer neuen

Technik schließlich bleibt unverbindlich, weil ein alternatives Modell der Technik als prinzipiell nicht denkbar erscheint.
Habermas überträgt diese Kritik auf seine Auseinandersetzung mit technokratischen, dezisionistischen und pragmatistischen Modellen des Verhältnisses von Wissenschaft und Politik. Das erste Modell beruht auf der Annahme einer Abhängigkeit des Politikers vom Fachmann, das zweite Modell kehrt dieses Abhängigkeitsverhältnis um, das dritte proklamiert eine wissenschaftlich angeleitete Diskussion zur unentbehrlichen Grundlage politischer Entscheidungen. Im engeren Sinne setzt Habermas sich mit der sogenannten »Technokratiethese« auseinander. Voraussetzung dafür ist die Konstruktion zweier Handlungstypen, die er als »Arbeit« und »Interaktion« bezeichnet.
»Arbeit« oder zweckrationales Handeln wird als instrumentales Verhalten oder rationale Wahl oder als eine Kombination beider begriffen; »Interaktion« oder kommunikatives Handeln »richtet sich nach obligatorisch *geltenden Normen*, die reziproke Verhaltenserwartungen definieren und von mindestens zwei handelnden Subjekten verstanden und anerkannt werden müssen«. Im folgenden Zitat wird die Differenz beider Handlungstypen deutlich:
»Gesellschaftliche Normen sind durch Sanktionen bekräftigt. Ihr Sinn objektiviert sich in umgangssprachlicher Kommunikation. Während die Geltung technischer Regeln und Strategien von der Gültigkeit empirisch wahrer oder analytisch richtiger Sätze abhängt, ist die Geltung gesellschaftlicher Normen allein in der Intersubjektivität der Verständigung über Intentionen begründet und durch die allgemeine Anerkennung von Obligationen gesichert. In beiden Fällen hat die Regelverletzung verschiedene Folgen. Ein *inkompetentes* Verhalten, das bewährte technische Regeln oder richtige Strategien verletzt, ist per se durch den Mißerfolg zum Versagen verurteilt; die ›Strafe‹ ist sozusagen in das Scheitern an der Realität eingebaut. Ein *abweichendes* Verhalten, das geltende Normen verletzt, löst Sanktionen aus, die nur äußerlich, nämlich durch Konvention mit den Regeln verknüpft sind. Gelernte Regeln zweckrationalen Handelns statten uns mit der Disziplin von *Fertigkeiten*, verinnerlichte Normen mit der von *Persönlichkeitsstrukturen* aus. Fertigkeiten setzen

uns instand, Probleme zu lösen, Motivationen erlauben uns, Normenkonformität zu üben.« [18]
Habermas bezeichnet mit dem *Begriff* »kommunikatives Handeln« einen Handlungstypus, der einer positivistisch orientierten »logic of science« nicht zugänglich erscheint; das *Begriffspaar* »Arbeit und Interaktion« liefert den Ansatzpunkt zu einer soziologischen Gegenwartsanalyse, die sich zunächst auf die Diskussion der Technokratiethese bezieht.
Geschichtsphilosophisch erscheint diese These in der von Cournot bis Gehlen benutzten Metapher vom posthistoire, dem Ende von Geschichte im Sinne des aufklärerischen Fortschrittsbegriffs; *gesellschaftstheoretisch* bezeichnet sie die unausweichliche und höchst zweckrationale Determination politischer durch technisch-wissenschaftliche Entscheidungen. Die gegenwärtige Gesellschaft – ein Begriff, der bei Habermas mehr implizit den Spätkapitalismus bezeichnet – läßt sich, bezogen auf die zwei genannten Handlungstypen, nach dieser These folgendermaßen charakterisieren: Die Differenz beider Handlungsarten schwindet, kommunikatives Handeln wird mehr und mehr unter adaptives Verhalten subsumiert, an die Stelle einer kulturell bestimmten Interpretation der sozialen Lebenswelt tritt die übermächtige Nützlichkeit zweckrationalen Verhaltens.
Diesen von Max Weber als »Rationalisierung« bezeichneten Prozeß sieht Habermas in eigentümlicher Weise in der Marxschen Theorie vorgezeichnet. Marx scheint im Begriff der *gesellschaftlichen Praxis* beide Handlungsarten derartig zusammenzufassen, daß Interaktion auf Arbeit reduziert, menschliches Handeln auf den Funktionskreis instrumentalen Verhaltens beschränkt wird. Da Marx diese Beschränkung mit dem »Mechanismus« einer quasi naturwüchsig sich vollziehenden Befreiung der Menschheit von äußerer Naturgewalt und dem Zwang der internen Natur zugleich koppeln soll, ergibt sich bei Habermas eine Parallele zwischen der Kritik der Technokratiethese und der Metakritik der Marxschen Kritik der Politischen Ökonomie: wird jener die behauptete Unveränderlichkeit der gegenwärtigen Gesellschaftsstruktur vorgeworfen, so dieser das unveränderte Festhalten an einer durch die Verhältnisse längst überholten Utopie.
Habermas hat von dem eben skizzierten Interpretationsschema gesagt, es könne im Rahmen eines Essays zwar einge-

führt, nicht aber auf seine Brauchbarkeit überprüft werden. Ich meine, daß nicht der Publikationsrahmen dieses Interpretationsmusters seine Überprüfung nicht zuläßt, sondern daß einem solchen Vorhaben *prinzipielle Schwierigkeiten der Verknüpfung anthropologischer mit soziologischen Aussagen* entgegenstehen.

Anthropologische Aussagen nenne ich die Deduktion der Kategorien »Arbeit« und »Interaktion«; als soziologische Aussagen bezeichne ich die Interpretation einer bestimmten Gesellschaftsstruktur mithilfe dieser Kategorien. Die Kritik an der Verbindung beider Aussagen zielt auf ein generelles Problem; dieses am Beispiel Habermas zu demonstrieren erscheint besonders aufschlußreich, hat doch Habermas bis zu seiner Kritik der Gehlenschen Ethik nicht aufgehört, gegen anthropologische Konstantenlehren zu polemisieren.

An der strategisch entscheidenden Stelle seiner Verbindung von Anthropologie und Soziologie stellt Jürgen Habermas das von ihm in den Blickpunkt gerückte Begriffspaar Arbeit – Interaktion in die Reihe der Dichotomien vom Typus Status und Kontrakt, Gemeinschaft und Gesellschaft, mechanische und organische Solidarität.

Ausgezeichnet ist diese Dichotomie nicht durch ihren universalen Anspruch, den sie vielmehr mit allen soziologischen Paarbegriffen des genannten Typs teilt, sondern durch dessen *Begründung*. In der Konstruktion eines kontextfreien Interpretationsschemas sehe ich bei Habermas den Versuch einer anthropologischen Fundierung soziologischer Aussagen. Relevante Begriffe heißen in diesem Zusammenhang: »anthropologisch tiefsitzende« oder »invariante« Handlungsstrukturen, »anthropologische »Ebene« und »anthropologisches Grundproblem« sowie »tieferliegende gattungsgeschichtliche Erfahrungen«; tauchen sie auf, verweist Habermas nicht nur beiläufig auf Arnold Gehlen – »nicht von ungefähr wird Marcuse vor den Richterstuhl Gehlens zitiert«, sagt Michael Theunissen in seiner hier am Beispiel Habermas demonstrierten Kritik der kritischen Theorie [19].

Die Legitimation dieses Rückgriffs steckt in der Annahme, daß die Organisation der menschlichen Natur sich nicht ändert; die entscheidende Stelle lautet: »Die neue Ideologie (nämlich die der Technokratiethese, W. L.) verletzt mithin ein Interesse, das an einer der beiden fundamentalen Bedingungen unserer kulturellen Existenz haftet: an Sprache, genauer an der durch umgangssprachliche Kommunikation bestimmten Form der Vergesellschaftung und Individuierung. Dieses Interesse erstreckt sich auf die Erhaltung einer Intersubjektivität der Verständigung ebenso wie auf die Herstellung einer von Herrschaft freien Kommunikation. Das technokratische Bewußtsein läßt dieses praktische Interesse hinter dem an der Erweiterung unserer technischen Verfügungsgewalt verschwinden. Die Reflexion, die die neue Ideologie herausfordert, muß daher hinter ein historisch bestimmtes Klasseninteresse zurückgehen und den Interessenzusammenhang einer sich selbst konstituierenden Gattung als solchen freilegen.« [20]

Damit aber läßt Habermas sich unvermerkt auf Prämissen der Technokratiethese ein. Aus der Annahme, ein *historisch* bestimmbares Klasseninteresse sei nicht mehr nachweisbar, zieht er den Schluß, die *falschen* Prämissen der Technokratiethese nicht mit einer, im Vergleich zur Marxschen Analyse, anderen Form soziologischer Erklärung – etwa einer neu konzipierten Klassenanalyse –, sondern mit der *richtigen* Anthropologie widerlegen zu müssen.

Strukturell ist damit die Argumentation von Habermas von Versuchen wie dem Arnold Gehlens, eine Institutionentheorie der Gegenwartsgesellschaft auf der Grundlage einer posthistorischen Anthropologie zu liefern, kaum mehr zu trennen. Gehlens Versuch kennzeichnet jenen Ausnahmefall, in dem eine soziologische Analyse mithilfe anthropologischer Kategorien möglich, ja notwendig erscheint; dann nämlich, wenn die Voraussetzung, von der die soziologische Analyse ausgeht, lautet, die Gesellschaft der Gegenwart sei prinzipiell nicht mehr veränderbar und die Menschheit als ganze im posthistoire, im Zustand der kulturellen Kristallisation, wie Pareto es nannte, angekommen.

Indem Habermas, weil er sie auf der Grundlage einer *korrigierten* Anthropologie widerlegen will, auf die Vorbedingung der Technokratiethese sich einläßt, verfällt er einem für die Verknüpfung anthropologischer mit soziologischen Aussagen charakteristischen Zirkel: Gesellschaft wird dabei zunächst generell nach dem Muster eines anthropologisch deduzierten Interpretationsschemas beschrieben. Die so beschriebene Gesellschaftsstruktur zeigt dann folgerichtig ahistorische

Züge und scheint daher zu ihrer adäquaten Analyse den Rückgriff auf ungeschichtliche, in diesem Falle anthropologische, Kategorien zwingend zu verlangen.
In dem Versuch von Habermas, »Arbeit« und »Interaktion« als Kategorien einer soziologischen Gegenwartsanalyse zu entwickeln, glaube ich auch das Modell einer Strategie zu entdecken, die zwar an jener reductio ad hominem, »die alle kritische Aufklärung inspiriert« (Adorno), festhält, gleichzeitig aber das Problem des Reduktionismus vermeiden möchte. Freilich läßt sich zeigen, daß auch eine solche Strategie eine theoretisch befriedigende Ableitung soziologischer aus anthropologischen Aussagen *nicht* erlaubt. Zuvor ist folgende Rückbesinnung notwendig:
Neben anderen haben Durkheim und Max Weber – Durkheim vor allem für die Psychologie, Max Weber daneben auch für Anthropologie und Biologie – reduktionistische Programme der Soziologie einer methodologischen Kritik unterzogen. Obwohl – Adorno hat das für Durkheim, Karl Löwith und Dieter Henrich haben es für Max Weber gezeigt – beider Methodologie selbst von einer verborgenen Anthropologie bestimmt ist, bleibt ihre Kritik am Reduktionismus bedeutsam. Durkheim hat auf den logischen Fehler hingewiesen, der darin besteht, Variablen durch eine Konstante erklären zu wollen [21], Max Weber hat den Versuch einer kausalen Zurückführung soziologischer auf anthropologische Aussagen eine Dokumentation des Nichtwissens genannt und für die Analyse gesellschaftlicher Probleme den Rückgriff auf die allgemeinsten und daher inhaltsleersten Gesetze als wertlos bezeichnet [22].
Der hierin verborgene Vorwurf der Trivialität scheint zunächst nur das *Kausalmodell* einer Verknüpfung von anthropologischen und soziologischen Aussagen zu treffen. Aber auch *Analogiemodelle*, die z. T. ausdrücklich den Verzicht auf jeden Reduktionismus beinhalten, können letztlich auf eine Anthropologie nicht verzichten. Das Paradigma dieser »Allianz« zeigt sich bei Hobbes: Im »Leviathan« erscheint der *Staat* metaphorisch als der künstliche Mensch, und die *Staatstheorie* wird aus Prinzipien der Sinnespsychologie entwikkelt. Ähnliches läßt sich an Comtes Stufentheorie zeigen oder an Saint-Simons Versuch, gesellschaftliche Beziehungen als physiologische Erscheinungen zu deuten, und – wie in der

»Mémoire sur la science de l'homme« – die Wissenschaft vom Menschen als Teil und Höhepunkt der Physiologie zu begreifen. Die Konsequenzen einer solchen allgemeinen Theorie der Physiologie werden in der Prognose sichtbar, die der Arzt Burdin im Gespräch mit Saint-Simon gab, sollen doch schließlich »die physiologisch gebildeten *Politiker* ... die Probleme ihrer Wissenschaft ›nur noch als Fragen der Hygiene ansehen‹« [23].

Gegenüber den Modellen eines kausalen bzw. analogen Verknüpfungsversuchs von anthropologischen und soziologischen Aussagen versucht Habermas, ein drittes Modell zu entwikkeln. Zwar beschreibt er mit »Arbeit« und »Interaktion« die typischen Handlungsformen einer *Gattung*, doch sieht er in diesen Kategorien weniger den Rückgriff auf eine *Naturbasis* als die Zurückführung auf einen *Lebenszusammenhang*. Dem liegt die These zugrunde, daß uns anthropologische Kategorien nie als solche, sondern nur als in einem bestimmten kulturellen Kontext umgangssprachlich bereits vermittelte zur Verfügung stehen.

In »Erkenntnis und Interesse« verwendet Habermas die Kategorien »Arbeit« und »Interaktion« als Grundlagen einer wechselseitigen Kritik von Freud und Marx. Das Verhältnis von »Arbeit« und »Interaktion« erscheint bei Marx als Zusammenhang von Produktivkräften und Produktionsverhältnissen, bei Freud als Beziehung zwischen Faktoren der Naturbeherrschung und menschlichen Institutionen. Habermas wirft Freud vor, im szientifischen Selbstmißverständnis der Psychoanalyse unterschlagen zu haben, daß uns Bedürfnisse nur als interpretierte, d. h. nur in einem gewissen institutionellen Zusammenhang verständlich sind, während es als Fehler von Marx bezeichnet wird, den Konflikt zwischen Antriebsüberschuß und Realitätszwang voreilig mit einer bestimmten Theorie der Institutionen gelöst zu haben.

Die Beliebigkeit und damit theoretische Unbrauchbarkeit dessen, was ich als »anthropologisches Argument« bezeichnen will, zeigt sich in der Freiheit, die Habermas sich nehmen kann, einmal Bedürfnisse im Rahmen theoretischer Konstrukte nur als interpretierte zuzulassen, andererseits aber Theorien, die von einer bereits interpretierten Bedürfnisstruktur ausgehen, ihre nur begrenzte Gültigkeit vorzuhalten. Während Freud der Rückgriff auf Anthropologie überhaupt angelastet wird, wird an Marx eine falsche Anthropologie kritisiert.

Diese Argumentationsstrategie läßt die Position von Habermas selbst nicht unberührt. Soll seine Freud-Kritik gelten, kann er »Arbeit« und »Interaktion« nicht, wie es in seiner Kritik der Technokratiethese geschah, als ahistorische Kategorien einer soziologischen Gegenwartsanalyse beschreiben; soll umgekehrt die Kritik an Marx bestehenbleiben, muß Habermas zeigen können, warum die Kategorien »Arbeit« und »Interaktion« gegenüber der Marxschen Theorie dem Verdacht entzogen sind, nur historisch begrenzt gültige Schemata soziologischer Erklärungen zuzulassen.

Habermas versucht, den Anschein eines Reduktionismus [24] zu vermeiden, indem er die »biologischen Wurzeln« menschlichen Verhaltens als quasi vor-anthropologisch vernachlässigt und gleichzeitig im Begriff der »soziokulturellen Lebensform«, die ausschließlich der Menschengattung zugeschrieben wird, eine anthropologische Konstante beibehält. Das Problem wird damit aber nur in die Begriffsbildung verschoben. Im übrigen findet sich hier die in »Erkenntnis und Interesse« kritisierte Position von Marx bei Habermas selber – was diesem die das Wesen des Menschen kennzeichnende »soziokulturelle Lebensform« heißt, nannte jener in den Feuerbach-Thesen das »ensemble der gesellschaftlichen Verhältnisse«.

Habermas kritisiert an Marx, er habe nicht gezeigt, »*wie* wir die Geschichte als Fortsetzung der Naturgeschichte begreifen können« [25]. Diese Unterlassung aber trifft nicht nur Marx; sie kennzeichnet das bis heute bestehende Problem einer Verbindung von Anthropologie und Soziologie und zeigt sich, um nur ein Beispiel zu nennen, in Comtes sybillinischer Formulierung, die Natur erlebe nur Evolutionen, aber keine Transformationen [26].

Die Versuche einer Entwicklung soziologischer Erklärungen aus anthropologischen Grundannahmen werden solange theoretisch unbefriedigend bleiben, als die Soziologie nicht über Erkenntnisse der *Transformation* anthropologischer Faktoren in gesellschaftliche Strukturzusammenhänge verfügt.

Zum Nachweis der immer größere Wichtigkeit gewinnenden Anthropologiedebatte braucht man sich mit dem Hinweis auf die Habermas'sche Gehlen-Kritik nicht zu bescheiden. Helmut Schelsky hat zwar mit seinem Beitrag »Systemfunktionaler, anthropologischer und personfunktionaler Ansatz der Rechtssoziologie« [27] nicht unmittelbar in die Debatte eingegriffen, mittelbar aber auch zu den hier angeschnittenen Problemen Stellung bezogen. Der genannte Aufsatz läßt sich dabei sowohl als eine Kritik an Gehlen [28] wie an Habermas [29] lesen. Für einen solchen ausführlichen Vergleich fehlt mir der Raum, ich beschränke mich daher auf einen zentralen Punkt.

Schelsky entwickelt keine abstrakte These über den Zusammenhang von anthropologischen Prämissen und daraus ableitbaren soziologischen Folgerungen. Er versucht vielmehr im institutionellen Bereich von Recht und Politik auf die Bedeutung anthropologischer Fragestellungen hinzuweisen und leitet, »bezogen auf die Bedürfnisse des Individuums«, folgende drei Leitideen des Rechts ab: 1. »Gegenseitigkeit auf Dauer«; 2. »Gleichheit bei Verschiedenheit«; 3. »Integrität und Autonomie der Person gegenüber Organisation«. Diese »Leitideen« sind in unterschiedlicher Weise historisch eingrenzbar. Während die erste bei allen uns bekannten Kulturen zu gelten scheint – ein Anthropologicum hier also zumindest vermutet werden kann –, ist die dritte bis jetzt nur in den modernen, »westlichen« Zivilisationen nachgewiesen.

Wichtiger als eine Untersuchung der begründenden Prinzipien, aus denen diese Leitsätze entwickelt wurden, scheint mir an dieser Stelle der Hinweis auf die Rolle des »anthropologischen Faktors« innerhalb des Begründungszusammenhanges selbst zu sein. Schelsky analysiert die Institution des Rechts nicht unter einem systemfunktionalen Blickwinkel, der in eine konservative Institutionentheorie mündet, sondern wendet sich ausdrücklich gegen eine konservative Auffassung der Institution, wenn er formuliert: »Demgegenüber wird hier das Recht gerade als die Ebene des zweckgerichteten, ordnungsgestaltenden und bewußten Handelns für jeweils neue (sekundäre) Bedürfnisse des Menschen innerhalb der Institutionen aufgefaßt.« [30]

Zwar trennt Schelsky dabei in der Institution *das Institutionelle,* die »tierische Seite«, vom Aspekt des Rechts als einer Rationalitäts- und Zukunftsdimension, doch wird auch die Möglichkeit des Überschreitens eines nur scheinbaren anthropologischen Determinismus noch anthropologisch begründet. Dabei gewinnt die Einsicht der Tierverhaltensforschung, daß das angeblich biologisch so fixierte Verhalten der Tiere etwa im Appetenzverhalten – nach Konrad Lorenz ein »zweckgerichtete(s) Verhalten, das unter Beibehaltung eines gleichbleibenden Zieles adaptive Veränderlichkeit zeigt« – einen gewissen Spielraum gegenüber der Instinktprägung besitzt, eine besondere Bedeutung.
Der Rechtscharakter der Institution, das »Untierische«, Flexible an ihr, bedingt so ihre mögliche Veränderbarkeit. Ebenso wie gegen die systemfunktionale Analyse des Rechts polemisiert Schelsky daneben gegen eine spezifische anthropologisch-funktionale Rechtssoziologie: »Indem sie ... die konstante Natur des Menschen objektivistisch analysiert und seine natürlichen Verhaltenszwänge offenlegt, bietet sie sich zugleich als ein Hilfsmittel für sehr tiefgreifende Manipulationen des Menschen an, nämlich für seine biologisch-anthropologisch gesteuerte Domestikation durch die gesellschaftsprogrammatisch vorgehenden Herrschaftsmächte.« [31]
Diese doppelte Polemik gegen eine systemfunktionale und gegen eine *anthropologische* Rechtssoziologie, der Schelsky seinen personfunktionalen Ansatz gegenüberstellt, beruht aber auf einer bestimmten *Anthropologie-Auffassung,* die sich durch Negation insofern bestimmt, als der »Begriff der menschlichen Natur heute keine Deduktionen ›fixer‹ Naturansprüche mehr erlaubt.« [32] Schelskys Versuch, Anthropologie und Institutionentheorie – über die Rechtssoziologie – miteinander zu vermitteln, gewinnt seine Überzeugungskraft dadurch, daß er nicht – wie ursprünglich Gehlen [33] – aus einer flexiblen Anthropologie eine rigide Institutionentheorie entwickelt, und ebensowenig – wie Habermas – aus dem Programm einer rigiden (d. h. rigid aufklärerischen) Anthropologie bereits auf die mögliche Veränderbarkeit der Institutionen schließt.
Beeinflußt von der anthropologisch feststellbaren Flexibilität der menschlichen Natur entwickelt Schelsky sein Programm einer *konkreten Institutionenkritik*; indem er den »Verlaß

auf eine obrigkeitliche oder staatliche Rechtsgarantie der personalen Freiheits- und d. h. Rechtsansprüche« als illusionär durchschaut, fordert er dazu auf, »die Grundrechte der Verfassung als Personalrechte zu verstehen, zu aktivieren und auszubreiten«.

Schelsky verbindet eine flexible Anthropologieauffassung mit einer reformerisch orientierten Institutionen-Kritik. Sein Aufsatz zur Rechtssoziologie macht für das Verhältnis von Anthropologie und Institutionentheorie folgendes deutlich: Jeder Entwurf einer Anthropologie bedarf, ohne daß dadurch die Wissenschaft vom Menschen bereits zur Naturwissenschaft würde, des Rückgriffs auf die biologisch bestimmten Funktionsprinzipien der menschlichen Natur. Kritische Funktionen aber vermag eine Anthropologie nur in Form einer anthropologisch vermittelten Institutionentheorie zu erfüllen.

Anmerkungen

1 Diese Gegenüberstellung – deren glänzendstes Beispiel Diderot im Artikel »Hobbisme« der »Encyclopédie« liefert, in welchem er die Rousseausche Philosophie als »presque l'inverse de celle de Hobbes« beschreibt – unterschlägt die Fülle der Interpretationsvarianten, die aus dem Vergleich von Hobbes und Rousseau entwickelt worden sind – ganz abgesehen davon, daß bei beiden Denkern das Verhältnis von Anthropologie und Gesellschaftskritik sich verschieden darstellen läßt. Zur »Zweideutigkeit« des Naturbegriffs, die de Bonald später für die Irrtümer der revolutionären Theorie verantwortlich machen wollte, vgl. Robert Spaemann, »Genetisches zum Naturbegriff des 18. Jahrhunderts«, in: *Archiv f. Begriffsgeschichte XI*, Bonn 1967, S. 59–74. Spaemann deutet eine Rousseau-Interpretation an, die Brüche zwischen dem zweiten »Discours« , dem »Emile« und dem »Contrat Social« nicht mehr zugeben will: »Natur in diesem vollen Sinne ist ein Spätprodukt. Erst die bürgerliche Gesellschaft setzt sie als Subjektivität frei. Und es wird, wie Leo Strauss einmal bemerkt hat, in den Augen Rousseaus die höchste Rechtfertigung dieser Gesellschaft, daß sie es einem bestimmten Typ von Individuen erlaubt, das höchste Glücksgefühl durch den Rückzug aus ihr, der Gesellschaft, d. h. durch ein Leben an ihrem Rande zu genießen«, a.a.O., S. 73. Nach dieser Deutung ist z. B. die Opposition Gehlens, der ein »Gegen-Rousseau« sein wollte (*Anthropologische Forschung*, Reinbek b. Hamburg 1961, S. 59), obsolet, hat doch anscheinend bereits Rousseau die Denaturierung der Menschen durch die Institutionen als Programm einer Gesellschaftslehre entwickelt.

2 Leonard Carmichael, »Absolutes, Relativism, and The Scientific Psychology of Human Nature«, in: *Relativism and The Study of Man*, hgg. von Helmut Schoeck und James W. Wiggins, Princeton 1961, S. 9. In seiner Lobrede auf Descartes hat Paul Valéry zu Recht darauf hingewiesen: Was die Beziehungen des Organismus zu den Bewußtseinstatsachen und zum menschlichen Empfindungsvermögen angeht, so wissen wir heute nicht viel mehr als 1650. *Les pages immortelles de Descartes, choisies et expliquées par Paul Valéry*, Paris 1946, S. 50.

3 Carmichael, a.a.O., S. 6. Carmichael macht sehr deutlich, welche Zielsetzung mit der Suche nach »absolutes« verbunden ist. Einmal »gefunden«, werden sie nämlich zu den wesentlichen Erziehungsinhalten. Daher spielen auch anthropologische Konstantenlehren in der pädagogischen Diskussion eine so große Rolle. Vgl. Walter Hess, »Zur Frage der anthropologischen Konstanten«, in: *Pädagogische Provinz* Jg. 20 (1966), Nr. 10, S. 539–555.
Vgl. zur Gegenthese den von D. R. Price-Williams herausgegebenen Sammelband *Cross-Cultural Studies*, Penguin Books, 1969,

Marshall H. Segall u. a., *The Influence of Culture on Visual Perception*, Indianapolis 1968; zum Problem generell Friedrich Keiter, *Verhaltensbiologie des Menschen auf kulturanthropologischer Grundlage*, München–Basel 1966.
Kaspar Hauser konnte zunächst weder Distanzen abschätzen noch perspektivisch sehen (Lucien Malson, *Les enfants sauvages. Mythe et réalité*, Paris 1964, S. 82). Der Hinweis auf Kaspar Hauser macht aber wieder deutlich, welche Variationsmöglichkeiten einer Verbindung anthropologischer mit soziologischen Aussagen bestehen. Während der eben gegebene Hinweis zeigen soll, wie auch anscheinend von Natur aus vorgegebene Fertigkeiten erst in der Gesellschaft erlernt werden müssen und wie der Mensch »ohne die Zivilisation eines der schwächsten und am wenigsten intelligenten Tiere sein würde« (Jean Itard, bei Malson, a.a.O., S. 125), nennt die Ethologie »Kaspar-Hauser-Versuche« gerade solche Versuchsanordnungen, in denen durch eine Aufzucht von Tieren unter Erfahrungsentzug – bei Analogsetzung einiger menschlicher Verhaltensweisen – die Angeborenheit bestimmter Fertigkeiten demonstriert werden soll (Irenäus Eibl-Eibesfeldt, *Grundriß der vergleichenden Verhaltungsforschung. Ethologie*, München 1967, S. 34). Jean Itard dagegen, jener Pariser Arzt, der den »Wilden« von Aveyron großzog, schrieb seine *Mémoire sur les premiers développements de Victor de l'Aveyron* (1801), weil er an allem, was diesem Kinde zur Zivilisation fehlte, »die Fülle der bis jetzt unbekannten Kenntnisse und Ideen, die der Mensch seiner Erziehung verdankt«, demonstrieren wollte (Malson, a.a.O., S. 128).

4 Vgl. für einen ersten Überblick: Th. W. Adorno u. a., *Der Positivismusstreit in der deutschen Soziologie*, Berlin und Neuwied 1969.

5 Kommentatoren wie Joachim Günther (s. u., Anm. 14) haben denn auch Gehlens Buch »Moral und Hypermoral« vor allem deswegen so enthusiastisch begrüßt, weil sie es für eine der wenigen konservativen Publikationen in der BRD ansahen, die wohl der Linken eine Antwort wert sein mußte. Habermas hat mit seiner Replik im »Merkur« diese Hoffnung erfüllt.

6 Arnold Gehlen, *Moral und Hypermoral. Eine pluralistische Ethik*, Frankfurt am Main–Bonn 1969. Ich gehe, was den Inhalt dieses Buches angeht, nur auf den Aspekt einer durch Gehlen selbst revidierten Gehlenschen Anthropologie ein.

7 Jürgen Habermas, »Nachgeahmte Substanzialität. Eine Auseinandersetzung mit Arnold Gehlens Ethik«, in: *Merkur* 264, April 1970, S. 313–327.

8 Rudolf Augstein, »Wir Mundwerksburschen. Arnold Gehlens antiintellektuelle Wissenschaft«, in: *Der Spiegel*, 23/1970, S. 164 bis 173.

9 Rüdiger Altmann, »Brüder im Nichts? Zur Auseinandersetzung Jürgen Habermas' mit Arnold Gehlens Ethik«, in: *Merkur* 266, Juni 1970, S. 577–582.

10 Margret Boveri, »Eine Ariadne antwortet«, in: *Merkur* 267, Juli 1970, S. 698–700. In seiner Gehlen-Kritik hatte Habermas geschrieben: »›Wie zur Zeit Ariadnes‹, sagt Gehlen an einer Stelle, ›sind es heute Damen, die in den Labyrinthen Bescheid wissen, so auch Margret Boveri und Hannah Arendt.‹ (171) Ich verfolge mit einer gewissen Neugier, ob die Ariadnen den doppelbödigen Schmeicheleien erliegen oder Manns genug sind, sich des falschen Theseus zu erwehren.« Habermas, »Nachgeahmte Substanzialität«, a.a.O., S. 327.

11 Hans Paeschke scheint die »alte« Polemik zu vergessen, wenn er im »Merkur«, den Aufsatz von Habermas einleitend, schreibt: »Seit fünfzehn und mehr Jahren dankt der *Merkur* Arnold Gehlen und Jürgen Habermas Beiträge, die im ideologischen wie im moralischen Spannungsfeld der Zeit an entgegengesetzten Enden Marksteine setzten ... Beide Denker akzeptierten es, in dieser Zeitschrift jeweils dem anderen als seinem Antagonisten zu begegnen, und hielten im Bewußtsein seines Ranges den Degen gesenkt. Da nun der eine ihn erhoben hat – mit einem Einsatz seiner selbst, der noch per negationem kundtut, welche Bedeutung er dem Gegner zumißt – halten wir es um so mehr für geboten, die Auseinandersetzung am selben Ort auszutragen.« Hans Paeschke, »Vorbemerkung«, *Merkur* 264, a.a.O., S. 313.

12 Arnold Gehlen, *Der Mensch. Seine Natur und seine Stellung in der Welt*, Frankfurt am Main–Bonn [8]1966, S. 362.
Der Zusammenhang von Anthropologie und Ethik oder das ethische Moment einer jeden Anthropologie ist schon terminologisch ausgewiesen. So wird in Adelungs Wörterbuch von 1808 Anthropologie definiert als »Die Lehre vom Menschen, seinen Theilen und Verhältnissen, sowohl im theologischen, als physischen und moralischen Verstande ...«

13 Joachim Ritter, »›Politik‹ und ›Ethik‹ in der praktischen Philosophie des Aristoteles«, in: *Metaphysik und Politik*, Frankfurt am Main 1969, S. 127.
Zu der folgenden These, eine rigide, d. h. im wesentlichen auf die Annahme von Instinkten oder Instinktresten im Menschen gestützte Anthropologie bedürfe eigentlich keiner Ethik, vgl. Odo Marquards Bemerkung zu Kant: Weil dessen Grundinteresse der Geschichtsphilosophie, »ihrer vorsichtig-abstrakten Gestalt, der Ethik« galt, entwarf er seine Anthropologie nicht als »physiologische«, sondern als »pragmatische«. Odo Marquard, a.a.O., S. 214. (Vgl. Anm. 2 der »Vorbemerkung«, dieser Band, S. 8).
Kant charakterisiert *physiologische* und *pragmatische* Anthropolo-

gie folgendermaßen: »Die physiologische Menschenkenntnis geht auf die Erforschung dessen, was die *Natur* aus dem Menschen macht, die pragmatische auf das, was *er*, als freihandelndes Wesen, aus sich selber macht, oder machen kann und soll.« Kant, »Anthropologie in pragmatischer Hinsicht«, *Werke*, hgg. von W. Weischedel, Band 10, S. 399, Darmstadt 1968. Zum Begriff »Physiologie« vgl. Werner Leibbrand, *Die spekulative Medizin der Romantik*, Hamburg 1956, S. 117 ff.

14 Arnold Gehlen, »Moral und Hypermoral«, a.a.O., S. 42. Soweit ich sehe, hat nur Joachim Günther diese Verschiebung innerhalb der Gehlenschen Auffassungen bemerkt. Er spricht von einer im Vergleich zu früheren Ansichten Gehlens »gegenläufigen Denkbewegung« und sagt von dieser: »Sie speist sich aus den Erfahrungen anthropologischer und ethischer Sachverhalte und greift über Gehlens bisherige Denkhorizonte hinaus in die biologische Verhaltensforschung.« Günther unterschätzt freilich die Tragweite dieser Denkbewegung. Gehlen bringt weniger »die Verhaltensforschung näher als bisher an die Anthropologie heran ...«, sondern stützt eine ihrer Prämissen nicht mehr sichere Anthropologie durch Rückgriffe in die Ethologie ab. Vgl. die Rezension Günthers in: *Neue Deutsche Hefte* 1970, Heft 2, S. 183–188. Den Wandel der Gehlenschen Anthropologie zeigt sehr plastisch auch eine Bemerkung von Vuko Pavićević auf: »Wir wären nun berechtigt, aus Gehlens Betrachtungen im Zusammenhang mit unserem Thema folgende Schlußfolgerung zu ziehen: da die menschliche Natur plastisch ist, können wir auch kein Vorhandensein, kein Bestehen irgendeines unveränderlichen Aggressionstriebes voraussetzen.« Vuko Pavićević, »Über den Sinn des Lebens und die Bedeutung des Menschen«, in: *Praxis* 3/4, 1969, S. 447.
Als ein Beispiel für die bis jetzt geläufige, scharfe Gegenüberstellung von Ethologie und Gehlenscher Anthropologie vgl. die Ausführungen von Irenäus Eibl-Eibesfeldt im *Grundriß der vergleichenden Verhaltensforschung. Ethologie*, München 1967, S. 391 ff., 401, 443 ff.

15 Arnold Gehlen, »Über kulturelle Kristallisation«, in: *Studien zur Anthropologie und Soziologie*, Neuwied und Berlin 1963.

16 Arnold Gehlen, »Die Chancen der Intellektuellen in der Industriegesellschaft«, in: *Neue Deutsche Hefte*, 1970, Heft 1, S. 12.

17 Jürgen Habermas, *Technik und Wissenschaft als ›Ideologie‹*, Frankfurt am Main 1968, S. 9–47 und S. 48–103. Ich beschränke mich auf den *Begründungszusammenhang* der Habermas'schen Argumentation, gehe also z. B. nicht auf die Frage der (anthropologischen) Relevanz eines Programms entzerrter Kommunikation und herrschaftsfreier Diskussion ein. Vgl. dazu Harald Pilot, »Jürgen Habermas' empirisch falsifizierbare Geschichtsphiloso-

phie«, in: *Der Positivismusstreit in der deutschen Soziologie*, a.a.O., S. 307–334.

18 Habermas, a.a.O., S. 62/63.

19 Michael Theunissen, *Gesellschaft und Geschichte. Zur Kritik der kritischen Theorie*, Berlin 1969, S. 24. In einer anderen, freilich überzogenen Kritik wird Habermas die »Vulgarisierung« Gehlenscher Thesen vorgeworfen und weiterhin von den »Gehlen-Habermasschen Thesen« gesprochen. Hans-Dieter Bahr, *Kritik der ›Politischen Technologie‹. Eine Auseinandersetzung mit Herbert Marcuse und Jürgen Habermas*, Frankfurt am Main 1970, S. 31,14. Ferner Günter Rohrmoser, *Das Elend der kritischen Theorie*, Freiburg 1970.

20 Habermas, a.a.O., S. 91. Im »Anthropologie«-Artikel des Fischer-Lexikons hatte Habermas die philosophische Anthropologie zu den »reaktiven philosophischen Disziplinen« gerechnet: »Sie begründen die Wissenschaften nicht mehr, sie verarbeiten sie ...« Ohne zur philosophischen Anthropologie in diesem Sinne zu werden, gewinnt Anthropologie nunmehr für Habermas *begründenden* Charakter. Vgl. dazu Habermas, »Towards a Theory of Communicative Competence«, in: H. P. Dreitzel (Hg.), *Recent Sociology*, No. 2, London 1970, S. 114–148.

21 Harry Alpert, »Emile Durkheim – Enemy of Fixed Psychological Elements«, in: *American Journal of Sociology* LXIII (1958), S. 663.

22 Max Weber, »Die ›Objektivität‹ sozialwissenschaftlicher und sozialpolitischer Erkenntnis«, in: *Gesammelte Aufsätze zur Wissenschaftslehre*, Tübingen ³1968, S. 179/80.

23 Zit. nach Georg Misch, *Zur Entstehung des französischen Positivismus*, Reprografischer Nachdruck, Darmstadt ²1969, S. 76. Reminiszenzen dieser Art werden allerdings nicht verhindern, daß auch in Zukunft politische Zwecke durch Rückgriffe auf biologische Grundannahmen über menschliches Zusammenleben legitimiert werden. Dem beginnt die Politologie, die nun Konrad Lorenz entdeckt, Vorschub zu leisten. Vgl. Malte Buschbeck, »Das beschauliche Metier der Politologen. Der 8. Weltkongreß der politischen Wissenschaften in München«, *Süddeutsche Zeitung*, 7. Sept. 1970, S. 8.

24 Vgl. zum Problem des »Reduktionismus« Walter Goldschmidt, *Comparative Functionalism. An Essay in Anthropological Theory*, Berkeley–Los Angeles 1966 und – aus psychoanalytischer Sicht – David Beres, »Die Menschlichkeit des Menschen«, in: *Psyche* XXIV (1970), H. 6, S. 423–453.

25 Jürgen Habermas, *Erkenntnis und Interesse*, Frankfurt am Main 1968, S. 57.

26 Vgl. Morris Ginsberg, »Comte – A Revaluation«, in: *Sociologica. Frankfurter Beiträge zur Soziologie*, Band 1, S. 308/309.

27 *Jahrbuch für Rechtssoziologie und Rechtstheorie*, Band 1, Gütersloh 1970, S. 37–89. Schelsky knüpft damit an die »kulturanthropologischen Gedanken zu einem rechtssoziologischen Thema« an, die er 1949 im Aufsatz »Über die Stabilität von Institutionen, besonders Verfassungen« geäußert hatte, dabei Zusammenhänge »von der Biologie bis zur juristischen Verfassungslehre« miteinander verbindend. Vgl. Schelsky, *Auf der Suche nach Wirklichkeit*, Düsseldorf–Köln 1965, S. 33 ff.

28 Habermas hat zu Schelskys »Ortsbestimmung der deutschen Soziologie« angemerkt: »Die Rettung der Subjektivität vor der Gewalt der Institutionen ist übrigens ein Thema, das von Gehlen stammt, aber nun von Schelsky gegen den Lehrer gewendet wird.« Habermas, *Logik der Sozialwissenschaften*, Tübingen 1967, Anm. 39.

29 Am 11. und 12. Januar 1970 fand im »Zentrum für Interdisziplinäre Forschung« (ZiF) der Universität Bielefeld ein Kolloquium zum Thema »Arbeit und Interaktion« statt, an dem Jürgen Habermas und Helmut Schelsky teilnahmen. Da die Diskussionen des Kolloquiums nicht protokolliert wurden, kann ich auf sie nicht verweisen, möchte nur anmerken, daß Schelsky damals in Form einer Auseinandersetzung mit Habermas einiges von dem antizipiert hat, was jetzt in dem genannten Aufsatz gedruckt vorliegt.

30 Schelsky, a.a.O., S. 67.

31 Schelsky, a.a.O., S. 86. Alles kommt freilich darauf an, *wie* man die Konstanz der menschlichen Natur auffaßt; und durchaus kann aus ihr ein Moment der Institutionen-*Kritik* entwickelt werden: »Les passions des hommes, qui naissent les unes des autres dans une variété prodigieuse, ruineront bientôt les éspérances qu'on auroit conçues de ces beaux systèmes«, wie es bei Bayle im Hobbes-Artikel des »Dictionnaire historique et critique« (1695–97) heißt.

32 Schelsky, a.a.O., S. 82. Ich verweise in diesem Zusammenhang auf den Begriff der »Fixität« bei Marx. Siehe diesen Band, S. 14 ff.

33 Einige Charakterisierungen Gehlens durch Schelsky treffen auf den Gehlen von »Moral und Hypermoral« nicht mehr zu. Insbesondere läßt sich Gehlen nicht mehr so deutlich von Lorenz und Leyhausen absetzen. Vgl. auch den Hinweis auf die Rezension von Joachim Günther, dieser Aufsatz, Anm. 14.
Eine ansonsten bedenkenswerte Kritik der Ethologie durch Peter Ranno, deren Hauptthese besagt, »daß die biologische Verhaltensforschung dort als naturwissenschaftliche Disziplin endet, wo die Soziologie des Menschen erst beginnt« (S. 554), wird unglaubwürdig, wenn sie unterschiedslos Konrad Lorenz, Arnold Gehlen und den »reaktionären Freudianismus« angreift. Peter Ranno, »Zur philosophisch-weltanschaulichen Position der ›Vergleichenden Verhaltensforschung‹«, in: *Deutsche Zeitschrift für Philosophie* XVIII (1970), H. 5, S. 545–559, besonders S. 555 f.

Über gesellschaftstheoretische Implikationen des Aggressionsbegriffs

1. In der Verbindung der Aggressionsfrage mit der Friedensforschung, die inzwischen zu einer eigenständigen wissenschaftlichen Disziplin bzw. zum Gegenstand umfassender interdisziplinärer Forschungsvorhaben geworden ist, ist das Verhältnis von Anthropologie und sozialwissenschaftlich-politischer Theorie und Praxis einer die Grenzen der Fachwelt überschreitenden Öffentlichkeit bewußt geworden. Sie zeigt, in welcher Weise die *traditional*-technokratische Bestimmung dieses Verhältnisses, derzufolge Politik ihrer Zielvorstellungen und programmatischen Konzeptionen im vorhinein sich wissenschaftlich zu versichern hat, den Forschungsansatz vorstrukturiert. Darauf ist die Bedeutung zurückzuführen, die in der Aggressionsdiskussion bis heute der leidigen Frage nach dem Primat von Anlage- oder Umweltdetermination beigemessen wird, um soziostrukturellen Veränderungen eine Möglichkeitsgarantie zu bieten oder aber eine verändernde Praxis zu hemmen. – Es überrascht deshalb nicht, daß die jüngste Auseinandersetzung von Jean Améry mit der Aggressionstheorie Alexander Mitscherlichs [1] in erster Linie der Zurückweisung des dualistischen anthropologischen Dogmatismus gilt. Daß er dabei jedoch selber dem Zwang der Prioritätsfrage einschließlich der zugrundeliegenden Wissenschaftsauffassung noch verhaftet bleibt, wird deutlich, wenn er den Gegensatz der beiden »anthropologischen Grundpositionen«, von denen – wie er ausdrücklich feststellt – »keine bislang die Gültigkeit ihrer Hypothesen in wissenschaftlich verbindlicher, intersubjektiv akzeptabler Form erhärten« konnte, als unversöhnlich erklärt [2]. Am Ende seiner Kritik steht folgerichtig die Berufung auf ein »der begrifflichen Strenge sich entziehendes Hoffnungsprinzip«: »Um es einmal so recht altmodisch zu formulieren, daß die Ideologen, der Begriffs-Idolatrie Verfallenen in helles Gelächter ausbrechen: Der Glaube an den Menschen als das Ziel des Menschen läßt sich durch konzeptuelle Kontradiktionen nicht zermahlen« [3].
Die praxishemmende Geschichtsauffassung, die mit einem so begründeten Hoffnungsprinzip verbunden ist, soll hier we-

niger interessieren als die damit verbundene Geringschätzung *theoretischer* Praxis; als erforderten die »konzeptuellen Kontradiktionen« – wenn anders Hoffnung irgendeine empirisch-praktische Relevanz haben soll – nicht theoretische Anstrengungen, ihnen durch den Entwurf positiver Konzeptionen entgegenzuwirken. Es sei denn, man schließt diese Möglichkeit aus, weil man insgeheim vor den Kontradiktionen kapituliert hat; in diesem Fall würde indes die Berufung auf das Hoffnungsprinzip dem geschichtslosen Optimismus von Konrad Lorenz nahekommen, der – da er die düsteren Konsequenzen seiner Aggressionstheorie nicht erträgt oder zu vertreten wagt – darauf baut, »daß die großen Konstrukteure des Artenwandels das Problem der Menschheit ... lösen werden« [4].

Der Aufsatz will einen Beitrag liefern zu der Frage, ob die Anthropologie der Aggression – wie sie sich der selektiven Wahrnehmung einer kritischen Soziologie heute darstellt – die theoretischen Möglichkeiten zu einer emanzipatorischen Anti-Kritik der konzeptuellen Kontradiktionen bereits erschöpft hat; ich beschränke mich dabei im wesentlichen auf eine immanente Kritik der Begriffsbildung, indem ich drei idealtypisch herausgehobene Positionen auf ihre Implikationen für den Entwurf einer »experimentellen« Anthropologie der Aggression untersuche.

2.1. Der Entwicklungsverlauf, den die Anthropologie der Aggression genommen hat, wurde von einer Ausgangsposition geprägt, in der die Hypostasierung eines Aggressions*triebs* mit einer Fixierung sich verband, die den Begrff auf jene Aggressionsformen einschränkte, die sich der Primärerfahrung als die dominierenden und darum anscheinend natürlichen aufdrängten; das Ergebnis war, daß *Aggression* mit *Destruktion* gleichgesetzt wurde, das heißt mit einer Verhaltensweise bzw. -disposition, die – begleitet von einem mehr oder weniger starken und bewußten Feindseligkeitsgefühl – auf die Beeinträchtigung der Integrität des Aggressionsobjektes gerichtet ist.

Der Kronzeuge für diese Position ist bei Anhängern wie Gegnern der späte Freud. Die Tatsache, daß er sich zwanzig Jahre lang gegen eine solche Hypostasierung sträubte und sich erst unter dem Eindruck des Ersten Weltkrieges dazu

bereit fand, wird dabei ebenso vernachlässigt wie der allgemein antidogmatische Charakter seiner Anthropologie.
In seiner Schrift »Zeitgemäßes über Krieg und Tod« (1915) unterstellt Freud dem Menschen eine aus seiner archaischen Vorzeit überkommene Mordlust, die zwar im Verlauf der kulturellen Umbildung des Trieblebens an faktischer Realität verloren habe, ihre psychische Realität jedoch noch in den unbewußten Regungen unter Beweis stelle, in denen wir »täglich und stündlich alle, die uns im Wege stehen, die uns beleidigt und geschädigt haben« [5], beseitigen wollen. – Als er fünf Jahre später in »Jenseits des Lustprinzips« den Aggressionstrieb einführt, glaubt er seinen Schritt nur auf dem Umweg über die Theorie des Todestriebs sichern zu können [6]: der Aggressionstrieb bildet die außengerichtete, sekundär sich verselbständigende Variante des Selbstdestruktionstriebs. Erst von den späten zwanziger Jahren an zeichnet sich die Annahme eines primären Aggressionstriebs ab, der wie der Sexualtrieb auf der spontanen Erregungsproduktion eines spezifischen physiologischen Aktivierungszentrums beruht.
Die Bestätigung, die er bei näherer Beschäftigung in der Übereinstimmung mit Freud zu finden glaubt, gehört erklärtermaßen zu den Anlässen, die Konrad Lorenz zu seinem Werk »Das sogenannte Böse« (1963) führten [7]. Die Skepsis Freuds gegenüber seinen eigenen biologischen Hypothesen ermutigte Lorenz, den Aggressionstrieb von seiner Verknüpfung mit dem lebensvernichtenden Prinzip des Todestriebs zu befreien und den lebens- und arterhaltenden Prinzipien zuzurechnen, auf die Behauptung der Spontaneität der Destruktivität selbst hatte sie keinen Einfluß.
Die Resonanz, die Lorenz damit gefunden hat, zeigt an, daß er einem weit verbreiteten Bedürfnis entgegengekommen ist; seine »Naturgeschichte der Aggression« ist als eine Art Absolution begrüßt worden, weil sie den Menschen damit tröstet, sein Verhalten im gegenwärtigen Gesellschaftszustand entspreche durchaus Naturgegebenheiten. Lorenz erklärt das öffentliche Interesse an seinem Werk deshalb ganz richtig, wenn er sich bescheidet, »er habe (nur) etwas zu sagen, was gerade ›fällig‹ sei. Die beste Wirkung dessen, was man sagen kann, ist dann zu erwarten, wenn man den Angesprochenen mit seinen neuen Einsichten gerade um eine Nasenlänge voraus

ist. Dann reagieren sie mit dem Gedanken: ›Tatsächlich ja, da hätte ich eigentlich selbst draufkommen können‹« [8].
Der mittlerweile klassische Ansatz von Lorenz hat in Irenäus Eibl-Eibesfeldt und neuerdings auch in Arnold Gehlen einflußreiche Fürsprecher gefunden. Im Rahmen seiner anthropologischen Begründung einer »pluralistischen Ethik« in »Moral und Hypermoral« (1969) schränkt Gehlen seine originäre Konzeption der Nicht-Festgelegtheit der menschlichen Antriebsstruktur ein, indem er – unter Berufung auf Freud und Lorenz – bekennt, den Aggressionstrieb sprich Destruktionstrieb bisher nicht genügend berücksichtigt zu haben [9]. – Eibl-Eibesfeldts jüngst erschienenes Werk »Liebe und Haß« (1970) dokumentiert, daß die ethologische Forschung seit dem Erscheinen von »Das sogenannte Böse« offensichtlich keine zusätzlichen Indizien für die Annahme einer spontanen destruktiv gerichteten Aggression beizubringen vermocht hat; damit aber macht er noch einmal auf die überraschend schwache Begründung dieser Hypothese aufmerksam. Von den wenigen Tierbeispielen sprechen wie bei Lorenz einzig die Beobachtungen an Buntbarschen dafür – falls nicht auch hier noch unbekannte Situationsbedingungen übersehen sind; alle anderen Beispiele lassen sich ohne Schwierigkeit als exogen bedingte Stauungen destruktiver Erregung erklären [10].
Was die Begründung spontaner Destruktivität beim Menschen angeht, hat Eibl-Eibesfeldt sich nicht einmal bemüht, für Lorenz' unbefriedigendes Beispiel des »Expeditionskollers« [11] ein überzeugenderes zu finden. Statt dessen entzieht er sich wie jener durch eine Scheinlösung bewährten Musters: er nimmt eine Erweiterung des Aggressionsbegriffs vor, indem er die zunächst als selbstverständlich vorausgesetzte Gleichsetzung von Aggression und Destruktion aufgibt und Aggression als *konstruktiven* Impuls zur physischen und psychischen Umweltauseinandersetzung begreift. Er versäumt dabei jedoch nicht nur, beide Aggressionsbegriffe klar voneinander abzuheben, sondern rückt – wie zum Beispiel seine Auseinandersetzung mit Berkowitz [12] zeigt – immer dann verschwiegen den weiteren Aggressionsbegriff ein, wenn es gilt, das Postulat des Aggressionstriebes im engeren Sinne, der Spontaneität des Destruktionsstrebens also, zu verteidigen.

Die terminologische Verwirrung wird durch die unpräzise Verwendung des Triebbegriffs noch verstärkt. Die aufsehenerregenden Fortschritte in der experimentellen Ermittlung des hirnphysiologischen Substrats destruktiver Aggression: die Bestimmbarkeit angeborener Auslöser, auslösender Mechanismen und residualer Erbkoordinationen werden in den Argumentationszusammenhang eingeflochten, als sei damit auch über die Spontaneität der inneren stimmenden Faktoren, über die »Spontaneität (ihres) unaufhaltsamen rhythmisch sich wiederholenden Hervorbrechens« (Lorenz) [13] etwas ausgesagt; dabei hat gerade die Ethologie zur begrifflichen Trennung der Instinktkomponenten entscheidend beigetragen.
Bei Freud wie Lorenz entspricht der Hypothese des Destruktionstriebes eine explizite Wendung gegen die Soziologie. Während aber Freud die Soziologie immerhin noch als »angewandte Psychologie« begriff und als solche von der »Naturkunde« abhob [14], verbindet sich die Kritik der Soziologie bei Lorenz mit der Zurückweisung auch der Psychologie, die mehr sein will als Naturkunde: »Die Spontaneität des Instinktes (des Destruktionstriebes – H. N.) ist es, die ihn so gefährlich macht; wäre er nur eine Reaktion auf bestimmte Außenbedingungen, was viele Soziologen und Psychologen annehmen, dann wäre die Lage der Menschheit nicht ganz so gefährlich, wie sie tatsächlich ist. Dann könnte man grundsätzlich die reaktions-auslösenden Faktoren erforschen und ausschalten.« [15]
Die Gesellschaftsauffassung, die mit der Ontologisierung der menschlichen Kulturfeindlichkeit verbunden ist, zeichnet sich durch einen rigorosen Institutionalismus aus. Nur dadurch können die Individuen des sozialen Friedens sich versichern, daß sie sich der objektiven, überpersönlichen Zweckmäßigkeit der institutionellen Leit- und Kontrollsysteme reflexionsentlastet überlassen. Während indes Freud zumindest partiell dieses Ordnungsmuster als Zwangsverhältnis darstellt und damit – diesseits der Ontologisierung – den historisch produzierten Gegensatz von Individuum und Gesellschaft zutreffend erfaßt, wird dieser Gegensatz bei Lorenz, Gehlen und Eibl-Eibesfeldt unter Berufung auf archaische Strukturen des Menschen, die dem »Institutionenethos« (Gehlen) entgegenkommen, einseitig wieder zurückgenommen – zum Teil mit Hilfe zusätzlicher biologischer Hypostasierungen.

Lorenz greift auf die Ritualisierungsbedürfnisse des Menschen zurück, die als Relikt der phylogenetisch erworbenen, destruktionshemmenden Verhaltensritualisierungen des Tieres das Festhalten an einmal eingefahrenen Verhaltensweisen und Ordnungsmustern erleichtern; zudem verweist er auf die von den instinktiven Hordenverteidigungsreaktionen der anthropoiden Vorfahren abstammende Begeisterungs- und Solidarisierungsfähigkeit, die die Identifizierung mit den Werten und Zielen der Gruppe fördert: »Was der Affe bei einer sozialen Verteidigungsreaktion erlebt, wissen wir nicht, wohl aber, daß er ebenso selbstlos und heldenhaft sein Leben aufs Spiel setzt wie der begeisterte Mensch. An der echten stammesgeschichtlichen Homologie der schimpanslichen Hordenverteidigungsreaktion und der menschlichen Begeisterung ist nicht zu zweifeln, ja man kann sich recht gut vorstellen, wie eins aus dem anderen hervorgegangen ist. Auch bei uns sind ja die Werte, für deren Verteidigung wir uns begeistert einsetzen, primär sozialer Natur. Wenn wir uns an das im Kapitel ›Gewohnheit, Zeremonie und Zauber‹ Gesagte erinnern, scheint es beinahe unausbleiblich, daß eine Reaktion, die ursprünglich der Verteidigung der individuell bekannten, konkreten Sozietäts-Mitglieder diente, mehr und mehr die überindividuellen, durch Tradition überlieferten Kulturwerte unter ihren Schutz nahm, die dauerhafter sind als Gruppen von Einzelmenschen. – Ich empfinde es nicht als ernüchternd, sondern als tiefernste Mahnung zur Selbstbesinnung, daß unser mutiges Eintreten für das, was uns das Höchste scheint, auf homologen Nervenbahnen verläuft wie die sozialen Verteidigungsreaktionen unserer anthropoiden Ahnen. Ein Mensch, der ihrer entbehrt, ist ein Instinktkrüppel, den ich nicht zum Freunde haben möchte.« [16]
Eibl-Eibesfeldt, auf den sich Gehlen in seinem angeführten Buch mehrfach stützt, sieht einen spezifischen Fortschritt gegenüber Lorenz in der Hypothese, daß dem gemeinschaftsbedrohenden destruktiven Aggressionstrieb des Menschen *primäre* »bindende Antriebe«, natürliche Dispositionen des Urvertrauens und der Nächstenliebe, gegenüberstehen. Der vergleichenden Analyse der gemeinschaftsfördernden (»bandstiftenden«), destruktionshemmenden Ritualisierungen bei Mensch und Tier glaubt er entnehmen zu können, daß es sich dabei um stammesgeschichtliche Derivate aus dem instinkti-

ven Verhaltensrepertoire des Brutpflegesyndroms, also von elterlichem Brutpflegetrieb und kindlichem Schutz- und Pflegebedürfnis, handelt; von der Förderung dieser Anlagen macht er abhängig, ob es gelingt, die Gefühlskälte des Menschen abzubauen und durch eine personunabhängige, humanitäre Menschenliebe zu ersetzen.
Das Triebmodell Eibl-Eibesfeldts kommt Freuds Modell der Triebmischung nahe, demzufolge Destrudo empirisch nur in Legierungen mit Libido sich manifestiert. Die daraus abgeleitete Forderung, die sozialen Beziehungen stärker auf die motivationale Grundlage von Liebe und Vertrauen zu stellen, wirkt sich insofern progressiv aus, als sie – trotz der Freud entgegengesetzten Entsexualisierung des Liebesbegriffs – mit dem Angriff auf eine sexualitätsfeindliche Moral verknüpft wird. Sie leistet jedoch neuer Unterdrückung Vorschub, solange nicht geklärt ist, welche Zumutungen an Selbstverzicht die Begriffe von Liebe und Toleranz implizieren. Freuds Narzißmustheorie verwies darauf, daß jede libidinöse Objektzuwendung der Kontrolle des Ichs bedarf, das den darin enthaltenen Selbstverzicht rationaler Einsicht unterstellt; deshalb warnte er mit Blick auf die christliche Moral der Nächstenliebe davor, Libido wahllos zu verschenken [17].
Eibl-Eibesfeldts Konzeption der »bindenden Antriebe« leidet darunter, daß die Deduktion aus dem Brutpflegeverhältnis, das heißt aus dem durch ein extremes Machtgefälle gekennzeichneten Beziehungsmuster zwischen Eltern und Kind, unversehens in ein soziales Paradigma umschlägt, das den Appell an Altruismus und selbstdisziplinierende Hemmung von Aggression bzw. Destruktion auf die je Unterprivilegierten beschränkt, ihn zum normativen Bestandteil der Unterlegenheitsrolle rechnet. Der Schluß, daß »kindliche Verhaltensweisen ... zum normalen Verhaltensrepertoire erwachsener Tiere gehören, ... wenn es darum geht, Beschwichtigung und Betreuung auszulösen« [18], gewinnt den Charakter einer Handlungsanweisung zur Harmonisierung sozialer Beziehungen. – In den Beispielen von den Soldaten in Vietnam, die sich trösten, indem der eine an der Brust des anderen sich ausweint, sowie von dem Mädchen, das sich in die Infantilrolle begibt, um dem Mann besser zu gefallen [19], treten Liebe und Freundschaft als Varianten bzw. Ausdrucksformen von Unterwürfigkeit und resignierter Fü-

gung in bestehende Machtverhältnisse auf; bei dem Überlegenen, dem so überzeugend demonstriert wird, daß der andere keine Ansprüche erhebt, die die gegebene hierarchische Struktur in Frage stellen, begegnen sie uns als bevormundendes Wohlwollen, das seine Grenze dort findet, wo der Unterlegene zu einer Neustrukturierung der Beziehung ermutigt werden könnte. Angesichts solcher Beispiele wundert es nicht, daß Verhaltensweisen wie die Besänftigung des Wütenden »durch ein Lächeln, durch submissives Verhalten (oft mit vorgetäuschter Hilflosigkeit als Kindchenappell) und mit einer gestammelten Entschuldigung« [20] als allgemeine Muster sozialer Konfliktlösung angesonnen werden.

Es ist deutlich geworden, wie stark das Modell der »bindenden Antriebe« von der ethologischen Erforschung der angeborenen aggressions- bzw. destruktionshemmenden Mechanismen geprägt ist, die in der Tiersozietät die Aufrechterhaltung hierarchischer Beziehungen garantieren. Liebe und Freundschaft tragen die Züge der Demutsattitüde der Unterlegenheitsrolle bzw. der darauf bezogenen Schonungs- und Betreuungsattitüde der Überlegenheitsrolle; sie erweisen sich damit als kompensatorische »Sozialregulative« (Gehlen), die die *Komplementarität* sozialer Beziehungen sichern und stärken, wo *Reziprozität* der Bedürfnisbefriedigungs- und Selbstverwirklichungschancen nicht gegeben ist. Der Rekurs auf das archaische Erbe des Menschen dient nicht der Reflexion über die Bedingungen der Emanzipation, sondern nimmt eine offensichtlich anti-aufklärerische Richtung.

Den Hypothesen Eibl-Eibesfeldts über das »sogenannte Gute« im Menschen entspricht die Hypostasierung eines angeborenen Autoritätsgehorsams, die sich ihrer so sicher ist, daß sie das aufsehenerregende Experiment von Stanley Milgram über den primäre und sekundäre Destruktionshemmungen außer Kraft setzenden Autoritätsgehorsam, das gerade als Angriff auf ein autoritäre Charakterstrukturen produzierendes sozio-kulturelles Erziehungsmilieu intendiert war, als Bestätigung heranzieht: »Für den Autoritätsgehorsam liegt uns ... eine experimentelle Untersuchung vor, die darauf hinweist, daß uns Menschen diese Disposition angeboren ist ... Die Milgramschen Versuche zeigen, daß sich angeborene Dispositionen gegen kulturelle Aufprägungen durchsetzen.« [21]

Wie bei Lorenz und Gehlen ist in diesem Zusammenhang, in dem es um die anthropologische Begründung der »Institutionenethik« geht, keine Rede mehr von der Aggression im weiteren Sinne, deren natürlichem Individuierungsdrang gegenüber möglicherweise gerade die institutionelle Führung und Kontrolle als destruktive Aggression sich erweist. Als Destruktion gerät nur in den Blick, was den Kriterien der herrschenden Moral und der Autorität der Tradition widerspricht. In der Anti-Kritik an einer kritischen Subjektivität, die die Legitimation der Institutionen und den moralischen Überlegenheitsanspruch der älteren Generation hinterfragt, nähert sich Eibl-Eibesfeldt dem Bund von Lorenz und Gehlen, die sich darin schon einig waren, als ihre biologisch-anthropologischen Prämissen noch divergierten. Deshalb überrascht das Unverständnis nicht, mit dem er die provozierende These Arthur Koestlers auf dem Nobel-Symposion im Jahre 1969 abtut, die großen Katastrophen der Menschheitsgeschichte seien weniger auf ein *destruktiv*-aggressives Grundverhalten des Menschen zurückzuführen als auf ein Zuviel an Loyalität des einzelnen gegenüber dem sozialen Ordnungsgefüge [22].

Die sozialtechnischen Imperative, die aus dieser Gesellschaftsauffassung zwangsläufig sich ergeben, sind von der Frage bestimmt, wie die von keiner sozialen Kontrolle zu verhindernde endogene Produktion destruktiv gerichteter Erregungspotentiale in einer den soziostrukturellen status quo nicht gefährdenden Weise aufgefangen werden kann. Ihre psychologisch-sozialpsychologischen Wurzeln liegen in dem vom zeitgenössischen mechanistischen Positivismus geprägten energieökonomischen Modell Freuds, auf das die gängigen elektrophysikalischen und hydraulischen Hilfsvorstellungen von Stauung, Kanalisierung, Abfuhr, Entladung, Ventilierung usf. psychischer Erregung zurückgehen.

Der energieökonomische Aspekt unterstellt die psychische Dynamik dem Konstanzprinzip, d. h. dem Bedürfnis, die psychische Erregung auf einem bestimmten optimalen Niveau zu halten und sucht die homöostatischen Mechanismen auf, mittels derer die überschießenden Erregungen unerfüllter Triebansprüche aufgefangen werden. Er beruht auf der Einsicht, daß die Triebobjekte, an denen das Triebziel, die Bedürfnisbefriedigung, sich erfüllt, beim Menschen weitaus variabler sind als die instinktgebundenen Triebobjekte des Tieres.

Schon bei Freud deutete sich an, daß die Hervorkehrung des homöostatischen Prinzips des Erregungsausgleichs einer formalisierenden Betrachtungsweise Vorschub leistet, die die Mittel und Objekte bzw. psychischen Repräsentanzen der Triebbefriedigung gegenüber dem allgemeinen Ziel der Spannungsreduktion als relativ gleichgültig, d. h. als sekundär, behandelt. – Diese Tendenz zeichnet auch die hier besprochene Verbindung anthropologischer und gesellschaftstheoretischer Prämissen aus; das biologisch vorgegebene Primärziel der Destruktion wird auf das Bedürfnis nach Spannungsreduktion beschränkt, so daß von sekundärer Bedeutung ist, ob sich die destruktive Erregung auf die Beseitigung der auslösenden Objekte richtet oder auf Ersatzobjekte. Die Einschränkung des Aggressionsbegriffs erfährt dabei eine zusätzliche Einengung, indem überwiegend das *irrationale* Moment der Destruktivität betont wird.

Die soziologische Verwendung der energieökonomischen Betrachtungsweise schlägt sich in einer spezifisch restringierten Konzeption der sozialen Dynamik nieder, die soziale Konflikte nur als Formen des Erregungsausgleichs, als homöostatische Regulative, erfaßt. Der instrumentell orientierte rationale Konflikt, in dem sich die destruktive Aggression eines oder beider Kontrahenten auf die Beseitigung objektiver oder vermeintlicher Differenzen richtet, fällt aus dem Konfliktmodell heraus oder wird – wie das nachfolgende Zitat zeigt – auf seine expressive Funktion reduziert: »Diese (die Menschheit – H. N.) ist nicht kampfbereit und aggressiv, weil sie in Parteien zerfällt, die sich feindlich gegenüberstehen, sondern sie ist in eben dieser Weise strukturiert, weil dies die Reizsituation darstellt, die für das Abreagieren sozialer Aggression erforderlich ist« (Lorenz) [23].

Die Konzeption des sozialen Konflikts läßt deutlich werden, daß der Aggressionsbegriff hauptsächlich die *irrational* ablaufende Destruktion meint. Das *rationale* Moment destruktiven Verhaltens wird auf die vorübergehende Selbstkontrolle reduziert, die die Abreaktion bzw. Verschiebung der destruktiv gerichteten Erregung solange hinausschiebt, bis ein geeignetes Ersatzobjekt verfügbar ist [24].

Dem entspricht die Einbeziehung dieses »nicht-realistischen« [25] Konflikttyps in das Modell einer sozialen Kontrolle, die die manifesten Formen der Herrschaftsausübung durch manipulative Zwänge ersetzt, des individuellen Gehorsams der Kontrollierten gleichsam hinter deren Rücken zu versichernd. Die zentralen sozialen Mechanismen der Aggressions- bzw. Destruktionskontrolle: die Institutionalisierung sozialer Räume und Gelegenheiten zur unmittelbaren, mehr oder minder motorisch geprägten Affektreaktion, das Angebot kollektiver, nach Möglichkeit gruppenexterner Sündenböcke und die Ritualisierung destruktiv gerichteten Verhaltens in Wettbewerben mehr oder minder sublimierter Art – sie alle haben gemeinsam, daß sie dem Individuum bei der affektiven Spannungsbewältigung entgegenkommen und die rationale Einsicht in die gesellschaftlichen Spannungsursachen erschweren [26].

Die sozialtechnische Verwendung der energieökonomischen Betrachtungsweise, die von der Variabilität der Triebobjekte ausgeht, macht deutlich, wie bereitwillig anthropologische Prämissen aufgegeben bzw. aufgelockert werden, wenn es den immanenten Erfordernissen der Gesellschaftsauffassung entspricht. Die gesellschaftstheoretische Position, die Gehlen veranlaßte, seine Anthropologie der Plastizität und Nicht-Festgelegtheit nachträglich durch die Hypothese der spontan-endogenen Destruktivität praktikabler zu machen, führt in diesem Fall zur Auflockerung des originären Triebdeterminismus. – Diese Tendenz zeigt sich auch in der Bedeutung, die der Sublimierbarkeit, d. h. der Transformierbarkeit *destruktiv* gerichteter in *konstruktive* Aggression beigemessen wird. Wieder muß der sonst vernachlässigte Aggressionsbegriff im weiten Sinne herhalten, wenn es darum geht, die gesellschaftstheoretischen Prämissen abzusichern, die mit der Hypothese des Destruktionstriebs verbunden sind. Die Möglichkeit der Transformationsumkehrung, d. h. der Umwandlung *konstruktiv* gerichteter in *destruktive* Aggression wird nicht bedacht.

Mit Freud läßt sich diese Verwendung der Hypothese spontan-endogener Destruktivität nicht mehr begründen. Er warnte nicht nur vor den biologischen Grenzen der Sublimierung im allgemeinen; im Falle der Aggression schien ihm die Sublimierbarkeit, also die Verschiebbarkeit der Trieb*ziele*, ebenso wie die Variabilität der Trieb*objekte* vielmehr besonders ge-

ring im Vergleich zu den Transformationsmöglichkeiten sexueller Erregung.
Die Wirksamkeit der sozialen Kontrollmechanismen, wie sie das beschriebene Modell der sozialen Dynamik vorsieht, beruht darauf, daß die Befriedigung der systeminternen Destruktivität die Destruktion nach außen, also zwischen den sozialen Systemen, verstärkt. Während Eibl-Eibesfeldt hofft, daß die in den »bindenden Antrieben« schlummernde Fähigkeit zu einer allgemeinen, rein humanitären Menschenliebe auf dem Wege der Erziehung einmal so tragfähig gemacht werden kann, daß sie den Mechanismus des »Scapegoating« entbehrlich macht und auf diese Weise die Voraussetzungen schafft für eine weltweite Befriedigung, hält Lorenz, der Anzeichen für primär bindende Antriebe beim Menschen nicht entdecken kann, eine solche Möglichkeit für ausgeschlossen, solange nicht die artgeschichtliche Selektion die menschliche Natur entsprechend verändert; auf diese Hoffnung aber vermag er nicht zu verzichten: »›Sollte ... eine Heilslehre‹, schreibt Erich von Holst, ›wirklich einmal die ganze Erde überziehen, so würde sie sogleich in zwei heftig befeindete Auslegungen zerfallen ..., und Feindschaft und Kampf blühten weiter wie zuvor – weil die Menschheit leider so ist wie sie ist‹. ... Die heute neu auftretende Lebenslage der Menschheit macht unbestreitbar einen Hemmungsmechanismus nötig, der tätliche Aggression nicht nur gegen unsere persönlichen Freunde, sondern gegen alle Menschen verhindert. Daraus leitet sich die selbstverständliche, ja geradezu der Natur abgelauschte Forderung ab, alle unsere Menschenbrüder ... zu lieben. Die Forderung ist nicht neu, unsere Vernunft vermag ihre Notwendigkeit, unser Gefühl ihre hehre Schönheit voll zu erfassen, aber dennoch vermögen wir sie, so wie wir beschaffen sind, nicht zu erfüllen. Das volle und warme Gefühl von Liebe und Freundschaft können wir nur für Einzelmenschen empfinden, daran kann der beste und stärkste Wille nichts ändern! Doch die großen Konstrukteure können es. Ich glaube, daß sie es tun werden, denn ich glaube an die Macht der menschlichen Vernunft, ich glaube an die Macht der Selektion und ich glaube, daß die Vernunft vernünftige Selektion betreibt.« [27]

2.2. Die Gegenposition, die ohne die Annahme eines Destruktionstriebes auskommen zu können meint, fühlt sich durch den aggressionstheoretischen Ansatz des *frühen* Freud bestätigt. Die sogenannte Frustrations-Aggressions-Theorie, die zu Ende der dreißiger Jahre von John Dollard und Mitarbeitern an der Yale-Universität ausgearbeitet wurde, beruft sich auf ihn, wenngleich sie seine Implikationen nur partiell weiterentwickelt hat.

Es bedurfte wie gesagt erst der Erfahrungen des Ersten Weltkrieges, damit Freud sich zur Annahme eines autonomen Aggressionstriebs im engeren Sinne eines Destruktionstriebs entschließen konnte. Am Anfang der Psychoanalyse stand eine Triebtheorie, die Aggression als ein Vehikel zur Durchsetzung von Ansprüchen konzipierte, die sich aus der dualistischen Triebstruktur von libidinösen Trieben und Ich- oder Selbsterhaltungstrieben ergeben, wobei zu den letzteren alles gehört, »was mit der Erhaltung, Behauptung, Vergrößerung der Person zu tun hat« [28]. Der Aggressionsbegriff umfaßte ein Ausdrucksspektrum, das von der Tendenz der subjektiv nicht feindseligen Objektbemächtigung bis zur subjektiv-intentionalen Objektdestruktion und -vernichtung reicht. – Schien die Aggression im Dienste der Libido zumindest eine spontan destruktive Komponente zu implizieren, so nimmt sie im Rahmen des Selbsterhaltungstriebs erst reaktiv eine destruktive Wendung, in Situationen, in denen die Durchsetzung von Ansprüchen auf Widerstand stößt.

Obgleich Freud sich darüber im klaren war, daß das spontane Bemächtigungsstreben im Dienste der Ich- oder Selbsterhaltungstriebe nicht notwendig von subjektiver Feindseligkeit begleitet ist, setzte sich die in der Libidotheorie angelegte Akzentuierung des destruktiven Aspekts durch, bis sie schließlich auf die Gleichsetzung von Aggression und Destruktion hinauslief.

In der ursprünglichen Fassung der Frustrations-Aggressions-Theorie wird dieser Ansatz so weit formalisiert, daß destruktiv gerichtete Aggression als notwendige Folge von Störungen jedweder zielorientierten Aktivität erscheint. Die objektiven Merkmale der Frustrationssituation werden in quantitative Differenzen aufgelöst, ihre subjektive Definition fällt einem behavioristischen Objektivismus zum Opfer. Kriterien wie die Notwendigkeit bzw. Vermeidbarkeit der Frustration, die erwarteten Chancen und Gefahren einer destruktiv gerichteten Reaktion und die subjektiv interpretierte Bedeutung der frustrierten Bedürfnisse im Kontext der Persönlichkeitsstruktur und der sozialen Struktur finden als intervenierende Variablen keine Berücksichtigung. Auf Grund dessen fällt die historisch-soziale Prägung und die sozialisationsbedingte Beförderung oder Hemmung destruktiver Reaktionsmuster aus der Betrachtung heraus [29].

Die gesellschaftstheoretischen Konsequenzen dieses Formalismus entsprechen denen der Gegenposition. Indem die reaktive Destruktivität an dem Anthropologicum der Frustration schlechthin festgemacht wird, die zu den natürlichen Konstituentien der menschlichen Lebensbedingungen gehört, erhält die Mechanik der exogenen Destruktivitätserzeugung den gleichen Status wie der Destruktionstrieb. Die Notwendigkeiten und Möglichkeiten kollektiver Selbsterhaltung sind vorab aller sozialstrukturellen Differenzierung durch einen gemeinschaftsbedrohenden Destruktivitätsüberschuß determiniert, zu dessen Bewältigung es eben jener Sozialtechniken bedarf, die aus dem ersten Aggressionsmodell folgten.

Es haben sich erwartungsgemäß recht bald Anhänger der Frustrations-Aggressions-Theorie gefunden, die den Formalismus der ursprünglichen Fassung abzubauen versuchten, indem sie das Schema auf ausgewählte elementare Bedürfnisfrustrationen beschränkten. Insofern diese Korrekturen die Aufmerksamkeit für bestimmte soziale Spannungsfelder erhöhten, haben sie die Praxisrelevanz der Theorie gefördert; sie bezahlen diesen Gewinn aber mit einem Reduktionismus, der sich in seinen Konsequenzen schließlich der objektivistischen Indifferenz gegenüber der subjektiven Vielfalt der Destruktionsauslöser wieder annähert, die es gerade zu überwinden galt.

Ein neueres Beispiel dafür bildet Arno Placks gesellschaftskritische Analyse »Die Gesellschaft und das Böse« (1967), die alle gemeinschaftsbedrohende Destruktion aus einer Wurzel erklärt: der Unterdrückung bzw. Verdrängung von Sexualität. – So wirkungsvoll seine Kritik der herrschenden Sexualmoral sein mag – der sie freilich insofern verfallen bleibt, als sie die sexuelle Emanzipation des Mannes zu Lasten der Frau gehen läßt –, so wenig treibt Plack die Einsicht in die sozialen Bedingungen des »Bösen« voran.

Die Beschränkung der Frustrationsanalyse auf die Ebene des *Es* verbindet sich mit der Beschränkung auf die *irrationalen* Formen reaktiver Destruktion. Infolgedessen wird wieder auf die Konzeption des »nicht-realistischen« Konflikts einschließlich des zugrundeliegenden energieökonomischen Modells zurückgegriffen; nicht rational begründbare Interessendivergenzen sind das primum movens sozialer Konflikte, sondern die Suche nach Abfuhrmöglichkeiten für die von permanenter sexueller Frustration produzierten Stauungen destruktiv gerichteter Erregung; so irrational die subjektiven Destruktionsursachen, so gleichgültig die Inhalte und Ziele der Destruktion. Krieg erscheint schließlich als eine explosionsartige Freisetzung zunächst ungerichteter, durch demagogische Manipulation verschobener individueller Destruktionsimpulse, die vermeidbar wären, würde man den natürlichen Sexualbedürfnissen Rechnung tragen.

Die Aufmerksamkeitsbegrenzung, die aus Placks Aggressionsbegriff folgt, schlägt sich nieder in der Reduzierung der Sozialwissenschaft auf Sozialpsychologie: »Die Kriege sind die großen Schleusentore für kollektiv angestaute Aggressivität. Solange man den Krieg nur immer als ein politisches Phänomen nimmt, als ein je konkret politisches, statt auf den allgemeinen triebpsychologischen Grund zurückzugehen, bleibt man blind für die Gefahr immer weiterer Kriege« [30].

Es ist eines der Hauptziele der Frustrations-Aggressions-Theorie Placks, den Biologismus von Lorenz in seine Schranken zu weisen. Sein Reduktionismus weist indes darauf hin, daß dabei schließlich nur eine Variante des Triebdeterminismus durch eine andere ersetzt wird, die nicht weniger restriktiv wirkt und ebenfalls die Anzeichen der Ontologisierung trägt. Da Plack die dominierenden gesellschaftlichen Formen destruktiver Aggression absolut setzt, ist für ihn mit der Ausschließung der Spontaneität destruktiver Aggression auch die Möglichkeit anderer angeborener Formen der Aggression ausgeschlossen, die bei Lorenz – wenn auch ohne Konsequenzen für die Theorie – immerhin impliziert sind.

Dabei hätte für Plack – wenn er sich eingehender mit dem frühen aggressionstheoretischen Ansatz Freuds auseinandergesetzt hätte – seine residual bleibende Konzeption des »Bewegungstriebs«, der zusammen mit dem Sexualtrieb »die produktive Komponente unserer leibhaftigen Existenz« [31]

bildet, einen Ansatzpunkt zur Erweiterung des Aggressionsbegriffs bieten können; in der Muskeltätigkeit erkannte Freud – wie später Harald Schultz-Hencke – eine der organischen Wurzeln des aggressiven Bemächtigungsstrebens.

Der aggressionstheoretische Ansatz des frühen Freud umfaßt – seiner damaligen Triebtheorie entsprechend – zwei Frustrationskategorien, die Frustration der Sexualtriebe und der Ich- oder Selbsterhaltungstriebe. Es gehört zu den auf Grund von Richtungsstreitigkeiten unterschätzten Verdiensten der frühen Neopsychoanalyse, daß sie sich – mehr oder minder unabhängig von Freud – der zweiten Frustrationskategorie angenommen hat; der Beitrag, den sie der Aggressionstheorie damit geleistet hat, ist zweifacher Art: sie überwindet die Gleichsetzung destruktiv gerichteter Aggressionsformen mit Aggression schlechthin und vermag auf diese Weise *die Hemmung und Unterdrückung von Aggression selbst als eine der wichtigsten Quellen destruktiven Verhaltens zu entdecken.* Gleichzeitig treibt sie die Frustrationsanalyse und damit die Analyse der Bedingungen reaktiver Destruktivität über die psychische Primärebene hinaus auf die Ebene der Ich-Aktivitäten; damit aber hebt sie die tendenzielle Beschränkung auf den Zusammenhang von Destruktivität und triebhafter Irrationalität auf.

Alfred Adler, der wesentliche Einsichten der neofreudianischen Psychoanalyse vorweggenommen hat, obgleich er ihr offiziell nicht zugerechnet wird, hat diese Entwicklung eingeleitet [32]. Der Begriff des Aggressionstriebs, den er in seinem Aufsatz »Der Aggressionstrieb im Leben und in der Neurose« (1908) einführt, stellt diesen nicht den anderen Trieben gleich, sondern versteht ihn als einen funktional übergeordneten Impuls, der die Durchsetzungsdynamik des Verhaltens garantiert, wie sie später im Rahmen des gestaltpsychologischen Ansatzes von Kurt Lewin herausgearbeitet wurde; Aggression befördert die Initiierung und Durchführung zielorientierter Verhaltenssequenzen taktischer und strategischer Reichweite [33]. Ganz im Gegensatz zu der objektivistischen Fassung der Frustrations-Aggressions-Theorie schaltet die subjektive und finale Betrachtungsweise Adlers zwischen die Störungen der Ausführungsstruktur der Handlung und die ihr folgende Reaktion die subjektive Interpretation des Ichs ein, die die objektive Frustration im über-

greifenden Zusammenhang des individuellen »Arrangements des Lebenssystems« [34] definiert.
Die Definitionskriterien, nach denen das subjektiv interpretierende Ich auf die Transformationsbedingungen reaktiv-defensiver Aggression Einfluß nimmt, werden erweitert, indem das dominierende psychische Regulativ des Freudschen Persönlichkeitsmodells – das triebökonomisch bestimmte Lustprinzip – durch ein zusätzliches, möglicherweise ebenfalls homöostatisches, Lustprinzip ergänzt wird, das an der Diskrepanz zwischen aktuellem Verhalten und angestrebten Wert- und Selbstwertvorstellungen sich bemißt. – In die gleiche Richtung weist – wie neuere Ansätze psychoanalytischer Ichpsychologie expliziert haben [35] – das narzißmustheroretische Konzept Freuds; aus seiner Hypothese, daß die Entwicklung des Ichs die Tendenz erzeugt, die zunehmende Entfernung vom primärnarzißtischen Zustand der Ich-Objekt-Einheit rückgängig zu machen, läßt sich das psychische Prinzip ableiten, die Grenzen des Selbst zu erweitern, indem die der eigenen Verfügbarkeit entzogenen Umweltobjekte durch Internalisierung – zunächst als Ideal-Selbst, sodann tendenziell als Real-Selbst – in den Ich-Selbst-Verband aufgenommen werden; das narzißtische Lustgefühl bestimmt sich nach dem Grad der Angleichung an das Ideal-Selbst, also an das Vorstellungsbild davon, was man gerne sein oder erreichen möchte.
Die Geschichte der Neopsychoanalyse zeigt, wie leicht der Versuch, der *normativen* Ebene der Ichleistungen gerecht zu werden, einer Entmaterialisierung des Persönlichkeitssystems Vorschub leistet, die die Tiefendimension des historisch produzierten Konflikts zwischen Triebstruktur und Gesellschaft verflacht. Die Kritik Theodor W. Adornos und Herbert Marcuses am »neofreudianischen Revisionismus« (Marcuse) ist um den Nachweis bemüht, daß sein Begriff der Selbstverwirklichung von der spezifischen gesellschaftlichen Definition der Persönlichkeitswerte abgezogen und somit des die geltenden Werte transzendierenden, auch die von der Gesellschaft versagten Möglichkeiten umfassenden Gehalts beraubt ist.
Es wäre jedoch unberechtigt, die affirmative Tendenz der Neopsychoanalyse dem zugrundeliegenden Ansatz selbst, dem Gedanken eines zweiten, narzißtischen Organisations-

prinzips der Psyche, zuzurechnen; die fundamentale Bedeutung des triebökonomischen Lustprinzips muß durch ihn keineswegs bestritten werden; der sozial vermittelte Selbstwertparameter, der das formale narzißtische Prinzip mit konkreten Inhalten besetzt und damit auch die Ziele und Transformationsbedingungen der angeborenen Aggressionsfähigkeit mitbestimmt, kann sich ebenso an den gesellschaftlich vorgegebenen sozialen Statusdifferenzen bemessen wie an den historisch vermittelten Ansprüchen der »Gleichheit bei Verschiedenheit« und der »Integrität und Autonomie der Person gegenüber Organisation« [36]; das narzißtische Lustprinzip vermag die Ansprüche auf Triebbefriedigung – objektiv wie subjektiv – sowohl zu befördern wie zu behindern, kann sowohl für die Zwecke einer repressiven Entsublimierung wie für die einer emanzipatorischen Sensibilität und Frustrationstoleranz eingesetzt werden, die die Grenze zwischen notwendiger und zusätzlicher Triebunterdrückung in progressiver Richtung verschieben will.
Harald Schultz-Hencke hat den aggressionstheoretischen Ansatz Adlers weiterentwickelt, ohne ihn seiner Bedeutung entsprechend zu würdigen. Er beschreibt die spontan-endogene Aggression im Rückgriff auf die ursprüngliche Bedeutung des Wortes als einen expansiven Drang des Organismus bzw. des allmählich sich herausdifferenzierenden Selbst zum »Angriff« auf Umwelt. Ihr spezifisches Attribut im Rahmen der allgemeinen Aktivität [37] bildet die Tendenz der Individuierung, der Umweltbewältigung zum Zwecke der Selbstentfaltung, was immer deren konkrete Sinngebung sein mag. Von ihrer ungestörten Entwicklung hängt ab, ob es gelingt, ein Ich auszubilden, das sich weder aus Angst vor *Objekt*- bzw. Liebesverlust den Umweltanforderungen distanzlos unterwirft und durch die so bedingte Verhaltensunsicherheit immer neue Angstreflexe produziert, noch aus Angst vor *Selbst*verlust die Eigenständigkeit des Nicht-Selbst destruiert und die Möglichkeit der befreundeten Anpassung an das Fremde prinzipiell negiert.
Die Verkennung dieser konstruktiven Aggressionsform führt Schultz-Hecke darauf zurück, daß »das heutige zivilisierte Leben ... infolge seiner relativen Geordnetheit und Mechanisiertheit ...« auch dem Menschen, der sich seiner Aggressionsfähigkeit nicht bedienen kann, erlaubt, »sich verhält-

nismäßig ungefährdet und ohne Nachteile in ihm zu bewegen«; allzuoft wird dieser Mangel im Gegenteil positiv sanktioniert: »Überall finden sich Menschen, die anspruchslose, bescheidene Naturen für den eigenen Lebensraum gut gebrauchen können ... Da die allermeisten Menschen aber in irgendwelchen Gehäusen sozial sehr brauchbarer Angstreflexe leben«, ist ihnen das »Idealbild eines Menschen ..., der in seinem expansiven Streben zwar durch vernünftige Voraussicht gehemmt wird, aber unbegründete Angstreflexe nicht besitzt« [38], überhaupt nur schwer vorstellbar.
Die einseitige Weiterentwicklung der Adlerschen Trieblehre zu einer monistischen Theorie des Machttriebes sollte ihren frühen aggressionstheoretischen Ansatz ebenso wenig desavouieren wie der Mißbrauch der Neo-Psychoanalyse Schultz-Henckes für die imperialistischen Zwecke des Nationalsozialismus [39] die Bedeutung seiner Theorie des aggressionsgehemmten Menschen mindern darf. Solche Konsequenzen verweisen vielmehr noch einmal auf die historisch-gesellschaftliche Vermitteltheit der Kategorie der Individualität und die im Rahmen der Psychologie nicht mehr zu leistende sozialwissenschaftliche Reflexion der Inhalte und Grenzen des Individuierungsstrebens. – Der Individualismus der Neo-Psychoanalyse Adlers und Schultz-Henckes trägt ebenso wie die Aggressionstheorie Freuds die Züge der bürgerlich-liberalen Gesellschaft, die es nicht vermochte, die Ethik der Selbstbehauptung mit den gattungsgeschichtlichen Bedingungen abzustimmen, weil sie ihre universalen Ansprüche stets nur partikular realisierte.

2.3. Die dritte Position bestimmt vor allem die neuere Entwicklungsphase der Aggressionstheorie. Sie hält an der Annahme eines Destruktionstriebs fest; jedoch hat das vermeintlich Unabwendbare für sie auf Grund eines sehr unmittelbaren praktischen Interesses an Bedeutung verloren gegenüber den offensichtlich sozial produzierten und darum sozial aufzulösenden Destruktionserscheinungen, mögen diese von der permanenten endogenen Destruktivitätserzeugung unabhängig oder als verstärkend bzw. auslösend mit ihnen verbunden erscheinen.
Als ein Vorläufer dieser Position kann Georg Simmel betrachtet werden, dessen Ansatz allerdings dem *wissenschafts-*

theoretischen Interesse entspringt, die Eigenart der soziologischen Betrachtungsweise zu verdeutlichen. Seine Schrift über den Streit (1908) setzt einen »apriorischen Kampfinstinkt« voraus, um im folgenden den eindrucksvollen Nachweis zu erbringen, wie wenig eine solche Hypothese zum Verständnis »der Gesamterscheinungen der Feindseligkeit« beizutragen vermag: »Denn zunächst schränkt doch auch der spontanste Trieb seine Souveränität so weit ein, daß er sich nicht an jedes beliebige, sondern nur an irgendwie zusagende Objekte wendet: der Hunger entsteht gewiß vom Subjekt aus, ohne erst vom Objekt her aktualisiert zu sein, und doch wird er sich nicht auf Steine und Holz, sondern nur auf irgendwie eßbare Gegenstände stürzen. So wird auch Liebe und Haß, so wenig ihre Triebe auf äußere Erregung zurückgehen mögen, doch irgendeiner, ihnen entgegenkommenden Struktur ihrer Gegenstände bedürfen und erst unter dieser Mitwirkung die Gesamterscheinung ergeben. Von der anderen Seite her ist es mir wahrscheinlich, daß der Feindseligkeitstrieb, wegen seines formalen Charakters, im allgemeinen nur zu material veranlaßten Kontroversen verstärkend, gleichsam als Pedal, hinzutritt.« [40]

Die Schriften, die nun als Beispiel herangezogen werden, haben bei allen Unterschieden in den gesellschaftstheoretischen Prämissen und Folgerungen gemeinsam, daß sie neben der Institutionalisierung von Abfuhr und Hemmung destruktiver Erregung mehr oder weniger am Rande die Beförderung individueller Autonomie zum Gegenstand der Friedensforschung erheben. Die Beschäftigung mit den Möglichkeiten des Abbaus sekundär erzeugter Destruktivität hat zu der Einsicht geführt, daß die Unterdrückung individueller Autonomie eine zweifache Friedensbedrohung darstellt, einmal als unmittelbare Quelle frustrationsbedingter Destruktion, zum anderen als Verhinderung von Kritik- und Konfliktfähigkeit gegenüber vermeidbaren sozialen Destruktionsauslösern sowie gegenüber der Indoktrination zu individueller und kollektiver Destruktion.

In Hans-Jochen Gamms Versuch [41], die ethologischen Einsichten in »die biologische Determiniertheit alle(r) geschichtlichen und sozialen Prozesse« für eine emanzipatorische Pädagogik fruchtbar zu machen, steht das idealistische Konzept einer »Pädagogik sekundärer Angriffshemmung«, die zu einer humanitär begründeten, auf jede Form von Gewaltanwendung prinzipiell verzichtenden Toleranz und Nächstenliebe erziehen soll, unvermittelt neben der Hoffnung auf die »soziale Produktivität der Un-Verschämtheit« gegenüber überlebten Herrschaftsformen und Autoritäten, die sich der Hinterfragung ihrer Legitimationsbasis entziehen.

Jerome D. Frank warnt vor einem blinden Autoritätsgehorsam, der – nur sekundär und in vielen Fällen erst ex post durch subjektive Feindseligkeit unterstützt – fremden Destruktionsabsichten sich unterordnet. Er erkennt in ihm den Gehorsam wieder, der im alltäglichen Umgang mit der Obrigkeit eingeübt wird, »eine Tatsache, die amerikanische Psychologen systematisch zu unterschätzen scheinen, vielleicht weil sie nicht zu dem Bild des selbstsicheren, schroff individualistischen Amerikaners paßt. Doch schon beim flüchtigen Blick auf die Geschichte erkennt man die praktisch unbegrenzte Macht einer gesetzmäßigen Regierung, entscheidenden Einfluß auf das Verhalten der Staatsangehörigen auszuüben, und dies gilt auch für die Aggression, sowohl nach innen wie nach außen« [42].

Mit der Aufmerksamkeitsverlagerung der Aggressionstheorie auf die Erzeugung und Steigerung von Destruktivität durch die Unterdrückung individueller Autonomie verliert das biologisch geprägte Interaktionsmuster der frühen Eltern-Kind-Beziehung, aus dem Eibl-Eibesfeldt allgemeine Verhaltensmuster für die Befriedung sozialer Beziehungen ableitete, seinen Modellcharakter. Es wird statt dessen ganz im Gegenteil als ein belastendes Anthropologicum begriffen, dem menschliche Praxis entgegenwirken muß; die extreme, beim Menschen besonders ausgeprägte Hilflosigkeit des Kindes zwingt die Eltern zu besonderen Anstrengungen, wenn das Kind seine Entwicklungsmöglichkeiten voll realisieren soll; sie verlangt nicht nur die Unterstützung und Ermutigung des schwächeren Interaktionspartners, sondern bewußten Machtverzicht.

Als motivationale Voraussetzung für die Entwicklung und Durchsetzung individueller Autonomie begreifen Alexander Mitscherlich und Anthony Storr den Aggressionstrieb im weiten Sinne des Wortes. Mitscherlich fragt nicht nur, »ob ohne diese Grundkraft Handeln überhaupt zustande käme«, sondern bringt sie mit einer spezifischen, kritischen Verhal-

tenskompetenz in Zusammenhang, wenn er andeutet, daß die »Dressaterziehung«, die bisher dominierende Sozialisationstechnik der abendländischen Geschichte, den »Umgang mit elementaren, natürlichen Lebensbedürfnissen (wie der aggressiven Triebkraft)« [43] in einer Art und Weise einengt, die die Entwicklung der kritischen Ichleistungen bis zur Selbstaufgabe reduziert.
Anthony Storr faßt die Kernthese seines Buches in die Formel, Gesellschaft sei »nicht durch die Aggressivität des Menschen (gefährdet), sondern durch ihre Unterdrückung in der Einzelperson« [44]. Allerdings dient sein »Lob der Aggression« nicht wie bei Mitscherlich einem emanzipatorischen Erkenntnisinteresse, sondern einer krass sozialdarwinistischen Gesellschaftsauffassung, nach der die Verteilung des Aggressionspotentials der hierarchischen Struktur des Kollektivs entspricht: »Die revolutionäre Ideologie von Freiheit, Gleichheit, Brüderlichkeit ist dem Wesen einer autoritären hierarchischen Gesellschaftsstruktur entgegengesetzt, und nur widerstrebend erkennen ihre Anhänger naturgegebene Unterschiede in der Kraft oder der Intelligenz der einzelnen Menschen an. Aristokratische Gesellschaften haben eine festgegründete Rangordnung, die sich ursprünglich auf Dominanz gründete, später jedoch auf Erbfolge beruhte. In solchen Gesellschaften kennt jeder seinen Platz. Das aggressive Potential der Gruppe gliedert sich hierarchisch: Jeder herrscht über den, der im Rang unter ihm steht, bis hinunter zum letzten Bauern – und dessen Aggression geht vermutlich voll in der Aufgabe auf, dem Land eine armselige Lebensmöglichkeit abzuringen.« [45]
In welch reaktionärer Weise die Forderung nach Entfaltung des natürlichen individuellen Durchsetzungsvermögens für den Widerstand gegen die Veränderung der bestehenden sozialen Kräfteverhältnisse mißbraucht wird, zeigen auch Storrs Bemerkungen über die Rolle der Aggression in der Beziehung der Geschlechter: »Aus dem biologischen Unterschied in Qualität und Quantität der männlichen und weiblichen Aggression geht hervor, daß sie nicht austauschbar sind. Jeder von beiden, Mann und Frau, hat die ihm biologisch angemessene Weise, sich aggressiv zu verhalten. Das erklärt unser Gefühl, daß an der Karikatur vom Affenmenschen mit seiner Keule etwas Richtiges ist oder daß sie

zumindest nichts Schmähliches an sich hat; das Bild von dem massiven Weib, das den kleinen Mann drangsaliert, ist dagegen schimpflich für beide. Obgleich wir in einer Kultur und in einer Zeit leben, in der die Rollen der Geschlechter ein wenig unklar sind, stimmt es immer noch, daß Dominanz und eine Spur von Härte bei einem Mann bewundert werden, bei einer Frau jedoch im allgemeinen als unweiblich verschrien sind. Oft hört man die Ansicht, daß diese und andere psychologische Unterschiede zwischen Männern und Frauen nicht auf irgendwelche biologischen Ungleichartigkeiten zurückgingen, sondern das Ergebnis von Kultur und Tradition seien ... Wir haben in der Einführung bereits darauf hingewiesen, daß die Wörter und Redewendungen, mit denen wir für gewöhnlich intellektuelle Tätigkeit beschreiben, aggressiv klingen. Wenn sie geistige Probleme meistern, Schwierigkeiten angreifen, ihren Verstand schärfen oder in den Kern eines Geheimnisses eindringen, setzen Männer, wenn auch noch so friedlich, Energie ein, die sich letzten Endes von dem ursprünglichen aggressiven Drang nach Beherrschung der Umwelt herleitet. Sehr wahrscheinlich steht die unbestrittene Überlegenheit des männlichen Geschlechts in geistiger und schöpferischer Hinsicht mit ihrer stärkeren Aggression in Zusammenhang.« [46]
Die Vermengung der beiden Aggressionsbegriffe, die in den beiden Zitaten sichtbar wurde, bestimmt ebenso die Verteidigung der Annahme einer spontan-endogenen Destruktivitätserzeugung wie die Begründung ihrer arterhaltenden Funktion. Wie wir bereits in anderen Fällen verfolgen konnten, rückt verschwiegen der Aggressionsbegriff im weiteren Sinne ein, wenn die Argumente für den Destruktionstrieb ausgehen, und die Rechtfertigung der Aggression im Dienst der Selbstbehauptung und -erweiterung schlägt unversehens um in die Rechtfertigung der Destruktion, die zur gewaltsamen Aufrechterhaltung der bestehenden Machtverhältnisse notwendig ist.

Unter der Vermengung der beiden Aggressionsbegriffe leidet auch noch die emanzipatorische Intention, die die Aggressionstheorie Mitscherlichs leitet. Mitscherlich hält an der Prioritätsfrage nach dem Primat von Anlage oder Umwelt, Natur oder Geschichte fest, richtet sich aber auf ihre Unentschiedenheit ein, indem er den frühen aggressionstheoretischen

Ansatz Freuds mit der Theorie des Todestriebs zusammenbringt, die Hoffnung auf gesellschaftliche Veränderungen mit dem einen unterstützend, mit dem anderen entmutigend [47]. Bei näherer Beschäftigung stellt sich indes heraus, daß sie doch bereits – im Sinne des späten Freud – vorentschieden ist: Das Modell von Eros und Thanatos scheint Mitscherlich angesichts des Geschichtsverlaufs und bestärkt durch die alltäglichen und klinischen Erfahrungen das bisher am besten begründete und brauchbarste anthropologische Konzept; und er ist gern bereit, ihm – Freuds eigene Skepsis beiseiteschiebend – den Charakter einer wissenschaftlichen Arbeitshypothese zuzusprechen [48].

Die Konsequenzen, die mit der Option für die Theorie des Todestriebs verbunden sind, lassen sich ablesen an dem Versuch, die beiden Aggressionsbegriffe zu vermitteln. Mitscherlich leitet aus dem spontanen Bewegungs- und Bemächtigungsstreben, das im Dienste der Selbsterhaltungstriebe steht, den Begriff der »vorgekonnten« oder »ungekonnten Aggressivität« ab [49]. Der Begriff soll zum Ausdruck bringen, daß die Aggression zunächst, d. h. in ihrer spontanen Form, noch unkoördiniert, ungenügend ziel- und sachorientiert abläuft, was sich in ihrer Ungezügeltheit und Rücksichtslosigkeit äußert, die – wenngleich ohne subjektive Feindseligkeit – in ihrer Wirkung nicht selten destruktiv sind; erst unter der Kontrolle des allmählich sich herausdifferenzierenden Ichs, das die natürliche »Aggressivität« durch die Legierung mit libidinöser Erregung soziabilisiert, wird sie zur ziel- und sachgerecht einsetzbaren »gekonnten Aggressivität«. – Nach diesem Ansatz wäre die Annahme einer spontanen Destruktionstendenz überflüssig oder zumindest sekundär. Es wäre »ein und dieselbe Energie, welche den vernunftdienlichen Kämpfen und überhaupt vielen produktiven Leistungen die Kraft und die Initiative leiht, aber auch die Destruktivität der kriegerischen Absichten speist« [50]; das Ich hätte zu bestimmen, in welcher Weise und auf welche Objekte die Aggression angesetzt wird.

Die Todestriebhypothese unterbindet diesen Ansatz. Die Begriffsunterscheidung verfällt sehr bald einer Bedeutungsverschiebung, die die »vorgekonnte« oder »ungekonnte Aggressivität« – wie der Begriff »Aggressivität« ja bereits suggeriert – mit den destruktiven Formen der Aggression gleichsetzt; auf diese Weise wird die destruktiv gerichtete Aggressionsbereitschaft mit der Ausgangsphase der psychisch-triebökonomischen Entwicklung identifiziert, der Aggressionsbegriff auf die *regressiven* Formen der Destruktivität beschränkt [51]. Wohl mit Recht glaubt deshalb Jean Améry in der Aggressionstheorie Mitscherlichs »das Pathos der Distanz von der unter bestimmten – wenn auch, zugegeben, sehr schwer präzise zu definierenden – Umständen gerechtfertigten Gewalt« [52] zu erkennen.

Mitscherlichs Anthropologie der Aggression bleibt somit den dominierenden Tendenzen der Aggressionstheorie verhaftet: Sie bricht zum einen den Versuch, die Transformationsbedingungen reaktiver Destruktion zu erhellen, vorschnell ab, um der naturwissenschaftlich nicht gesicherten Hypothese spontaner Destruktivität zuzuschreiben, was bei gleicher, nur praktisch zu realisierenden Verifizierungschance möglicherweise mit dem gleichen Wahrscheinlichkeitsgrad auf die Transformationsformel sich könnte zurückführen lassen.

Zum zweiten schränkt sie das Augenmerk wiederum auf die primärprozeßgebundene, der Kontrolle des Ichs entgleitende oder entzogene Destruktivität ein; die rationalen Gründe destruktiven Verhaltens interessieren nur soweit, als sie der nachträglichen Rationalisierung der Irrationalität dienen. Daraus folgt, daß – wie bei Arno Plack – eine spezifisch begrenzte Sozialpsychologie als der Königsweg der im Dienste der Friedensforschung stehenden Aggressionsforschung erscheint [53].

Die Aufgabe, die Mitscherlich der Sozialpsychologie der Aggression stellt, besteht ausdrücklich darin, den affektiven Anteil am Konfliktgeschehen zu erhellen; sein jüngst erschienener Aufsatz zur Aggressionsfrage hat die Grenzen dieses Ansatzes noch einmal sehr deutlich gezeigt: »Der Psychologe ist kein Politiker. Er wagt nicht in jedem Einzelfall Recht und Unrecht, Sinn und Unsinn, reales Unrecht, utopistische Hoffnungen, ungerechtfertigte Selbstüberschätzungen gegeneinander abzuwägen. Was ihm auffällt, ist die Tatsache, daß uns mit der Ausbreitung einer gleichartigen Industriezivilisation gleichgeartete Formen aggressiver Ausbrüche buchstäblich in allen Gegenden der Welt begegnen. Er wird wahrscheinlich doch Clausewitz widersprechen müssen, wenn dieser sagt, daß der Krieg ›kein Akt blinder Leidenschaft‹ sei.

Was der psychologische Betrachter sieht, ist vielmehr doch ein Knäuel wahrhaft blinder Leidenschaften und rationaler Absichten. Wobei es ganz deutlich ist, daß die blinden Leidenschaften taktisch fortwährend als rationale Überlegungen ausgegeben und daß echt rationale Überlegungen von der Gegenseite als Ausdruck blinden Hasses diffamiert werden.« [54]

Das vornehmliche analytische Interesse gilt den Abwehrmechanismen, mittels derer Individuen und Kollektive des überschießenden destruktiv gerichteten Erregungsdrucks sich erwehren, – freilich in dem aufklärerischen Bemühen, die Manipulationsmechanismen transparent zu machen, mit Hilfe derer nicht weiter untersuchte Machtgruppen der Gesellschaft der individuellen Abwehrmechanismen sich bedienen, um die Durchsetzung ihrer partikularen Interessen zu sichern und der Einsicht zu entziehen. Das Ventilmodell – vor allem in Gestalt des vielstrapazierten »Sündenbock«-Schemas – gibt wieder das wichtigste heuristische Instrument zur Erfassung der sozialpsychischen Dynamik ab.

Die Analyse der sozialen Destruktivitätsursachen bleibt demgegenüber merkwürdig unscharf. Die Zielobjekte destruktiven Verhaltens werden weniger nach ihrer objektiven oder subjektiven instrumentellen Beziehung zur Beseitigung von Konfliktquellen differenziert als nach ihrer Funktion zur psychischen Spannungsentladung. Die bloße *Möglichkeit,* die situationsspezifischen Bedingungen der Destruktion auf einen natürlichen, endogenen Destruktivitätsüberschuß hin zu hinterfragen, läßt offensichtlich die *sozialen* Ursachen auch da, wo von dieser Möglichkeit kein Gebrauch gemacht wird, als relativ beliebig erscheinen gegenüber den auslösenden *Anlässen,* die bereits vorhandene, der Erklärung nicht bedürftige Destruktionsbereitschaften zur Entladung bringen. Dem entspricht, daß nicht selten soziale *Ursachen* als bloße *Auslöser* verharmlost werden, wobei der Symbolgehalt der Auslöser wieder auf das Motiv der Spannungsreduktion reduziert wird.

3. Die Übersicht hat ergeben, daß die Probleme, die die Diskussion der Aggressionsfrage bis heute bestimmen, zu einem großen Teil begrifflicher Art sind, zurückführbar auf ein unterschiedlich gerichtetes und begründetes Interesse an der

Verknüpfung anthropologischer mit gesellschaftstheoretisch-politischen Konzeptionen. – Den subjektiv brauchbaren, objektiv dabei ebenso behindernden wie vermeidbaren terminologischen Spielraum verschafft die mehr oder minder weitreichende Vermengung zweier Aggressionsbegriffe, die sich bei der Erfassung objektiv und phänomenologisch verschiedenartiger Aggressions*formen* aufdrängen.

Der Aggressionsbegriff im engeren Sinne bezeichnet die destruktive Aggression, die in mehr oder weniger starker und bewußter subjektiv-intentionaler Feindseligkeit auf die Beeinträchtigung der Integrität des Aggressionsobjektes gerichtet ist. Der Aggressionsbegriff im weiten Sinne bezeichnet den subjektiv zunächst und primär nicht feindseligen »Angriff« auf Realität zum Zwecke individueller Objektbewältigung; er wurde nach seinem subjektiv gemeinten Sinn als »konstruktive« Aggression beschrieben (obgleich er objektiv destruktive Auswirkungen haben kann und vielleicht nur selten in idealtypisch reiner Form, d. h. ohne jeden Feindseligkeitsanteil, auftritt).

Die aggressionstheoretischen Positionen unterscheiden sich nach ihren impliziten und expliziten Vorstellungen über die Aktivierungs- und/oder Transformationsbedingungen der beiden Aggressionsformen. Bei den orthodoxen Vertretern der Hypothese einer spontan-endogenen Destruktivität erscheint die konstruktive Aggression mitunter als Nebenprodukt des Destruktionstriebs, vor allem wenn es gilt, die Hypothese theoretisch zu verteidigen, das Phänomen selbst unter Berufung auf seine sozialen und artgeschichtlich-biologischen Funktionen zu legitimieren [55]. Es liegt in der Konsequenz dieses Ansatzes, daß er der Transformierbarkeit destruktiv gerichteter in konstruktive Aggression, d. h. der Sublimierbarkeit, im Rahmen der gesellschaftstheoretischen Folgerungen eine zentrale Bedeutung zuschreibt, ohne der umgekehrten Transformationsmöglichkeit Aufmerksamkeit zu schenken.

Die Vertreter der Gegenposition begreifen die destruktive Aggression ausschließlich als Reaktionsform; jedoch reichen ihre Aussagen über die *Bedingungen* der Reaktion nicht weit genug, weil sie die subjektive Vielfalt der möglichen Destruktionsauslöser entweder reduktionistisch verfehlen oder in objektivistischer Indifferenz überschätzen und damit den Aussagewert der Transformationsformel aufheben.

Im aggressionstheoretischen Ansatz des frühen Freud sowie im Rahmen seiner Weiterführung bei Adler und Schultz-Hencke verbindet sich der Gedanke des späteren Frustrations-Aggressions-Modells mit der Hypothese der Spontaneität *konstruktiver* Aggression. Auf diese Weise wird die Aufmerksamkeit erneut – dieses Mal in entgegengesetzter Richtung zur Position I – auf die Transformationsbedingungen der beiden Aggressionstypen gelenkt. Die konstruktive Aggression gewinnt die Bedeutung eines biologisch begründeten Ingredienz der Verhaltenskompetenz, das die Durchsetzung der individuellen Ansprüche unterstützt und in der Regel erst reaktiv-defensiv eine destruktive Richtung nimmt; bei Schultz-Hencke deutet sich die Verbindung der spontan-konstruktiven Aggression mit einer spezifischen Verhaltenskompetenz an: der Durchsetzung individueller Autonomie.
Der im Rahmen der dritten Position unternommene Versuch, die beiden ersten Positionen zusammenzubringen, hat zur Folge, daß mit den Aggressionsbegriffen auch die Vorstellungen über die Aktivierungs- und Transformationsbedingungen der beiden Aggressionsformen vermengt werden. – Was die Transformationsbedingungen der konstruktiven Aggression betrifft, rückt der bei Schultz-Hencke angedeutete Gedanke eines psychodynamischen Zusammenhangs von spontan-konstruktiver Aggression und Individuierungsbedürfnis in den Vordergrund – freilich mit unterschiedlichen gesellschaftstheoretischen Konsequenzen.
Bei allen drei Positionen handelt es sich um anthropologische *Interpretationen*, die von der naturwissenschaftlichen Aggressionsforschung nicht gesichert sind. Vom naturwissenschaftlichen Standpunkt aus ist es nicht möglich, die Annahme einer spontan-endogenen Destruktivität auszuschließen. Ungesichert ist aber auch die selbst noch den emanzipatorischen Ansatz Mitscherlichs charakterisierende Tendenz, die Reichweite der repressionsbedingten Transformation konstruktiver Aggression, die allererst unter veränderten soziokulturellen Bedingungen ausgemacht werden kann, unter Berufung auf die Erfahrungen der bisherigen Geschichte durch Rekurs auf den Destruktionstrieb vorschnell zu begrenzen. Anthropologisch gerechtfertigt wäre deshalb auch die *Umkehrung* dieser Tendenz, die die Bestimmung der Grenzen zwischen Invariabilität und Variabilität der menschlichen

Natur stärker von praktischen Experimenten abhängig macht; es bedürfte dazu allerdings einer neuen Interpretation der Aussagen und Ergebnisse, die die Anthropologie der Aggression bisher erbracht hat.

Ein möglicher Ansatzpunkt zu einer solchen Neuinterpretation, der gerade auf seiten der Psychoanalyse zunehmend an Bedeutung zu gewinnen scheint [56], könnte sich aus dem Versuch ergeben, die konstruktiven Aggressionsformen als Manifestationen einer *konstitutionellen Aggressionskompetenz* [57] zu begreifen. Die kritischen und kreativen Ichleistungen, die die neueren, den unverwirklichten Ansprüchen des bürgerlich-liberalen Gesellschaftsmodells verpflichteten gesellschaftstheoretischen Konzeptionen der Soziologie dem Individuum zumuten – zum großen Teil unter Zuhilfenahme anthropologischer Hypothesen über entgegenkommende kognitive Anlagen des Menschen – sind ohne eine wie immer erworbene Aggressionsfähigkeit, die den weitgehend angstbedingten Denk-, Sprach- und Verhaltenshemmungen entgegenwirkt, nur schwer vorstellbar [58]. Der Überblick über die Anthropologie der Aggression legt die Hypothese nahe, daß dieser Aggressionsfähigkeit eine in der Vitalstruktur verankerte, leicht zu unterdrückende, *motivationale* Anlage entgegenkommt, die in engem Wirkungszusammenhang mit den *kognitiven* Anlagen des psychischen Apparats die Entfaltung und Durchsetzung der Individuierungsleistungen der Selbsterhaltung und -verwirklichung, vor allem der kritisch-distanzierenden Ichleistungen, unterstützt und bei äußerem Widerstand nach angeborenen, physiologisch begründeten Reaktionsmustern destruktiv gerichtet wird – notfalls gegen die eigene Person. Die sozialisationstheoretische Erforschung der schichtspezifisch differenzierten Chancen zur emanzipatorischen Entfaltung angeborener Anlagen könnte aus einer solchen Hypothese Fragestellungen ableiten, die der strengen Polarisierung entgegenwirken, die die gängigen Modelle der Unterschicht- und Mittelschichterziehung charakterisiert; in der Umsetzung des kritischen Potentials angeborener Aggressionsfähigkeit in eine rational kontrollierte Aggressionsbereitschaft, die auch noch über die Transformationsbedingungen konstruktiver Aggression bewußt verfügt, ist die Mittelschicht der Unterschicht nur scheinbar voraus.

Die Hypothese einer konstitutionellen Aggressionskompetenz würde die Beschäftigung mit den Transformationsbedingungen konstruktiver Aggression in doppelter Hinsicht fördern: Sie würde nicht nur die Erforschung der primärprozeßgebundenen, ichferneren Formen reaktiver Destruktion weiterführen, sondern die Aufmerksamkeit auch und gerade auf die durch das Ich vermittelten und kontrollierten Destruktionsformen richten, die die Aggressionstheorie bisher systematisch nicht erfaßt hat. Ein solcher Ansatz kann an die Ergebnisse der Ethologie anknüpfen, indem er ohne Zusatzhypothesen gerade aus dem auffallend geringen Ausmaß der Destruktionsentbindung, mit dem die Tiersozietät auskommt, den Schlüssel zur Erfassung des bedrohlichen Ausmaßes spezifisch menschlicher Destruktion ableitet.
In der Tiersozietät sind die individuellen Ansprüche, zu deren Durchsetzung Aggression eingesetzt wird, eindeutig vorgegeben, und zwar abgestimmt auf die Existenz des Individuums als Gattungswesen. Die biologische Ausstattung legt nicht nur die Minimalbedürfnisse fest, die aus den universalen Bestandsbedingungen des Organismus resultieren, sondern auch die zusätzlichen Geltungs- und Ranganspruche und die Verteilung der Funktionen und Arbeitslasten im Kollektiv, die aus den differenten Merkmalen des biologischen Primärstatus abgeleitet werden. Aggression dient der Ausbalancierung biologisch begründeter individueller Differenzen in einem autoritär verfaßten hierarchischen System; sie stößt selten auf ernsthaften Widerstand, d. h. sie muß selten in destruktives Verhalten umschlagen, weil sich zum einen Überlegenheit und Unterlegenheit des Primärstatus weitgehend in angeborenen und erworbenen Attributen (Symbolen) manifestieren, die in der Regel – zum Teil als angeborene Auslöser – den Ausgang einer eventuellen Konfrontation signalisieren und im Falle der Unterlegenheit aggressions- bzw. destruktionshemmend wirken, und weil zweitens durch primäre Hemmungsmechanismen garantiert ist, daß die Privilegierungsansprüche die Minimalansprüche des unterlegenen Primärstatus nicht in Frage stellen. Die Manifestation destruktiven Verhaltens beschränkt sich – biologisch normale ökologische Bedingungen vorausgesetzt – auf jene Fälle, in denen die wechselseitige Definition des Primärstatus nicht eindeutig ist und in einer zusätzlichen Interak-

tion erst hergestellt werden muß. – Es ist nicht einsichtig, worin angesichts dieses Tatbestandes, über den sich die Ethologen einig zu sein scheinen, die arterhaltende Funktion des Destruktionstriebes liegen soll, die in der Argumentation von Lorenz und Eibl-Eibesfeldt eine so große Rolle spielt.
Wenn diese Aktivierungs- und Transformationsbedingungen der Aggression als das stammesgeschichtliche Erbe angesehen werden, das zu den Ausgangsbedingungen der menschlichen Gattungsgeschichte gehört, dann ist die destruktive Aggression bereits damit – unabhängig von der Hypostasierung einer spontan-endogenen Erregungsquelle – als *konstitutives* Merkmal der Geschichte bestimmt. Denn mit der Distanzierung vom Instinktprinzip geht die eindeutige Definition des Lebens verloren, so daß die Lebens*ansprüche* von Individuen und Gruppen innerhalb wie außerhalb der Gesellschaft prinzipiell bestreitbar werden. Unter diesen Voraussetzungen hätte die menschliche Destruktivität nicht den Status eines biologischen a priori, sondern einer Konstante a posteriori [59]; sie wäre nicht unabhängig und vorab aller Gemeinschaftsbildung gegeben, sondern an die Bedingungen des sozialen Daseins geknüpft, als solche aber menschlichem Einfluß nicht mehr völlig entzogen; sie wäre abhängig davon, wie der Mensch das Gattungsproblem löst, den Anspruch der Selbstbehauptung durch den Anspruch einer Selbstverwirklichung zu überhöhen, die die Möglichkeiten der Individuierung mit den Bedingungen und Möglichkeiten sozialer Existenz verbindet.
Gerade die Geschichte der bürgerlich-liberalen Gesellschaft, nach deren nicht eingelöstem Gesellschaftsmodell das Recht auf individuelle Autonomie zum allgemeinen Menschenrecht erhoben wird, läßt das Problem der menschlichen Destruktivität besonders deutlich als Problem der Gesellschaftsstruktur sichtbar werden. Sie erweiterte nicht nur in doppelter Hinsicht die Auslösebedingungen defensiver Destruktion, indem sie die Erhöhung der Individuierungsansprüche auf eine Klasse beschränkte; sie konstituierte Gesellschaft schlechthin, durch den Klassengegensatz hindurch, als einen Komplex destruktiv gerichteter Aggressionsbeziehungen, insofern sie mit der Konstruktion der Eigentumsmarktgesellschaft [60] eine Ethik begründete, die jeden Menschen »im anderen Menschen nicht die Verwirklichung, sondern vielmehr die

Schranke seiner Freiheit finden ließ«: das menschliche Dasein ist ihr nicht immer und primär soziales Dasein, der individuelle Mensch »in seinem empirischen Leben, in seiner individuellen Arbeit, in seinen individuellen Verhältnissen (noch nicht) Gattungswesen geworden« [61].

Mit der Aufmerksamkeitsverlagerung der Aggressionstheorie auf die der Ich-Kontrolle unterstehende reaktive Destruktion stellt sich das Problem der gemeinschaftsgefährdenden Destruktivität radikaler; nicht von der triebhaft-irrationalen Seite des Menschen droht die größte Gefahr, sondern von seiner Ratio, was immer deren konkrete, soziokulturell bestimmten Inhalte sein mögen. Damit aber wird auf die prinzipielle Unbegrenztheit und Vielfalt der destruktionsauslösenden Objekte und Situationen verwiesen. Die spezifisch menschliche Freiheit in der Erzeugung und Definition immer neuer Ansprüche und Interessen, die mit der einzigartigen Symbolisierungsfähigkeit verbunden ist, den Anderen als Ausbeutungsobjekt und schließlich als »Beutetier« zu definieren, dem gegenüber die Hemmungsmechanismen gegenüber Artgenossen außer Kraft gesetzt sind – sie schafft die objektiven und subjektiven Bedingungen, an denen das angeborene Reaktionsmuster defensiver Destruktion ansetzt.

Daraus aber folgt notwendig eine Verlagerung der theoretischen und praktischen Problemebene. Will man sozialen Frieden nicht dadurch erzwingen, daß man bei bestimmten sozialen Gruppen durch Erziehung oder Psychopharmakologie [62] die Entwicklung der Aggressionsfähigkeit als der *gemeinsamen* Grundlage individueller Selbstverwirklichung *und* reaktiver Destruktion im Ansatz verhindert, dann wird ihn die Ablenkung destruktiv gerichteter Erregung auf Ersatzobjekte ebenso wenig sichern können wie die als universaler Anspruch vorgetragene, aber stets nur partikular realisierte, auf die Unterprivilegierten beschränkte Aufforderung zur Eigenkontrolle destruktiver Tendenzen. Die Kommunikationsprobleme der Demokratisierung, zu denen die Herstellung von Konsens auch und gerade über die Gegenstände und Formen des Dissens, d. h. über die Auslöseobjekte und -situationen sowie die je notwendigen Mittel defensiver Destruktion gehört, erfordern – soll diese dem utopischen Anspruch uneingeschränkter und herrschaftsfreier Diskussion genügen –, daß die sozialen

Chancen zur Entwicklung und Durchsetzung der Aggressionskompetenz gleich verteilt sind. Auf jeden Fall werden bei den derzeitigen Möglichkeiten einer naturwissenschaftlichen Begründung der Anthropologie die *Sozialwissenschaften* den Hauptbeitrag zur Friedensforschung erbringen müssen und nicht, wie es die Anthropologen der Aggression bisher suggerieren, die individualwissenschaftliche oder letztlich individualwissenschaftlich verfahrende Erforschung der menschlichen Natur.

1 Jean Améry, »Zwischen Freud und Marx. Fragen an Alexander Mitscherlich«, in: *Merkur 264*, April 1970, S. 383–390.
2 Améry, a.a.O., S. 387.
3 Améry, a.a.O., S. 390.
4 Konrad Lorenz, *Das sogenannte Böse. Zur Naturgeschichte der Aggression*, Wien 1963, S. 387.
5 Sigmund Freud, *Gesammelte Werke*, Bd. X, S. 351.
6 Nach Ansicht von Edward Bibring geht die Annahme des Aggressionstriebs der Theorie des Todestriebs voraus, so daß diese nur »... der weiteren theoretischen Begründung jener dient« (»Zur Entwicklung und Problematik der Triebtheorie«, in: *Imago*, 21/1936, S. 149).
7 Lorenz, a.a.O., S. IX f.
8 Lorenz, a.a.O., S. 369.
9 Arnold Gehlen, *Moral und Hypermoral. Eine pluralistische Ethik*, Frankfurt am Main–Bonn 1969, S. 42 f.
10 Vgl. Hans Kunz, »Zur Problematik der Aggression«, in: *Bis hierher und nicht weiter. Ist die menschliche Aggression unbefriedbar?*, hgg. von Alexander Mitscherlich, München 1969, S. 245 bis 261; Malvern Lumsden, »The Instinct of Aggression: Science or Ideology?«, in: *Futurum* 3/1970; Ernst Hass, »Wider die ›Spontaneität der Aggression‹«, in: *Frankfurter Hefte* 25/1970 sowie Protokoll Nr. 33 des »Bergedorfer Gesprächskreises« (1969): »Verstärken oder verringern sich die Bedingungen für Aggressivität? Die Rolle der Gewalt in der modernen Gesellschaft.«
11 Irenäus Eibl-Eibesfeldt, *Liebe und Haß. Zur Naturgeschichte elementarer Verhaltensweisen*, München 1970, S. 97; Lorenz, a.a.O., S. 85 f.
12 Eibl-Eibesfeldt, a.a.O., S. 98 ff.
13 Lorenz, a.a.O., S. XIII.
14 Freud, *Gesammelte Werke* Bd. XV, S. 194.
15 Lorenz, a.a.O., S. 77 f.
16 Lorenz, a.a.O., S. 363.
17 Freud, »Das Unbehagen in der Kultur«, in: *Gesammelte Werke* Bd. XIV, S. 468 f.
18 Eibl-Eibesfeldt, a.a.O., S. 135.
19 Eibl-Eibesfeldt, a.a.O., S. 150 f., 174.
20 Eibl-Eibesfeldt, a.a.O., S. 114.
21 Eibl-Eibesfeldt, a.a.O., S. 120 f.
22 Eibl-Eibesfeldt, a.a.O., S. 122.
23 Lorenz, a.a.O., S. 364.
24 Vgl. Lorenz, a.a.O., S. 86.
25 Zur Typisierung »realistischer« (»realistic«) und »nichtrealisti-

scher« (»non-realistic«) Konflikte siehe Lewis Coser, *The Functions of Social Conflict*, New York 1964, S. 48 ff.

26 Zu der gleichen Konzeption der sozialen Dynamik gelangt – von der anthropologischen Prämisse der Nicht-Festgelegtheit ausgehend – Talcott Parsons; vgl. Helmut Nolte, *Psychoanalyse und Soziologie. Die Systemtheorien Sigmund Freuds und Talcott Parsons'*, Bern–Stuttgart–Wien 1970, S. 152 ff.

27 Lorenz, a.a.O., S. 364 f., 387 f.

28 Freud, »Neue Folge der Vorlesungen zur Einführung in die Psychoanalyse«, in: *Gesammelte Werke* Bd. XV, S. 102.

29 J. Dollard, L. W. Doob, N. E. Miller, O. H. Mowrer, R. S. Sears, *Frustration and Aggression*, New Haven 1939 (Dtsch. Übers. von Wolfgang Dammschneider und Erhard Mader, Weinheim–Berlin–Basel 1970). Die zwei Jahre später zugestandene Modifizierung, Aggression sei nur eine *mögliche* Reaktionsform, (s. N. E. Miller, »The Frustration–Aggression-Hypothesis«, in: *Psychological Review*, 48/1941, S. 337–342), hat im Hinblick auf diese Mängel keine wesentlichen Folgen gehabt.

30 Arno Plack, *Die Gesellschaft und das Böse. Eine Kritik der herrschenden Moral*, München 1967, S. 272.

31 Plack, a.a.O., S. 185.

32 Vgl. Fritz Wittels, »The Neo-Adlerians«, in: *American Journal of Sociology*, 45/1939 sowie Heinz R. and Rowena R. Ansbacher, *The Individual Psychology of Alfred Adler*, New York 1956. – Dieter Wyss zufolge (*Die tiefenpsychologischen Schulen von den Anfängen bis zur Gegenwart*, Göttingen 1961, S. 175, Anm. 1) ist bereits Freuds Konzeption des Bemächtigungsstrebens maßgeblich von Adler beeinflußt; zur Entwicklung der Aggressionstheorie bei Freud und Adler vgl. Edward Hitschmann, »The History of the Aggression-Drive«, in: *Yearbook of Psychoanalysis*, 4/1948.

33 Vgl. Dietrich von Kries, »Zur Kritik der Aggressionstrieb-Hypothese«, in: *Dynamische Psychiatrie*, 2/1969; v. Kries baut sein aggressionstheoretisches Modell wesentlich auf der Gestaltpsychologie Lewins auf, ohne die Nähe seines Ansatzes zur frühen Aggressionstheorie Adlers zu berücksichtigen. – Zur Verwandtschaft zwischen der Individualpsychologie Adlers und der Gestaltpsychologie im allgemeinen, der Lewins im besonderen vgl. Alfred Adler, *Praxis und Theorie der Individualpsychologie*, Darmstadt 1965, S. 161, Anm. 1 sowie H. R. and R. R. Ansbacher, a.a.O.

34 Adler, a.a.O., S. 41.

35 Vgl. W. Schumacher, »Bemerkungen zur Theorie des Narzißmus«, in: *Psyche*, 24/1970.

36 Helmut Schelsky (»Systemfunktionaler, anthropologischer und personfunktionaler Ansatz der Rechtssoziologie«, in: *Jahrbuch*

für Rechtssoziologie und Rechtstheorie, Bd. 1, 1970) erhebt den Egalitätsanspruch und den Autonomieanspruch neben dem Anspruch der »Gegenseitigkeit auf Dauer« zu den drei »Leitideen« eines personbezogenen Rechts, das die individuellen Freiheitsansprüche gegenüber der obrigkeitlichen oder staatlichen Rechtsgarantie durchzusetzen und zu schützen hat.

37 In »Aggression und Anpassung« (in: Mitscherlich, *Die Idee des Friedens und die menschliche Aggressivität*, Frankfurt am Main 1959, S. 50 f.) neigt Mitscherlich zur Gleichsetzung der Aggression im weiten Sinne mit Aktivität schlechthin. Zur Bibliographie des Aufsatzes »Aggression und Anpassung«, s. u. Anm. 49.

38 Harald Schultz-Hencke, *Schicksal und Neurose*, Jena 1931, S. 34, 47, 22.

39 Vgl. Hans Thomae, »Die Neo-Psychoanalyse Schultz-Henckes«, in: *Psyche*, 17 (1963/64).

40 Georg Simmel, »Der Streit«, in: Georg Simmel, *Soziologie. Untersuchungen über die Formen der Vergesellschaftung*, Berlin [4]1958, S. 199.

41 Hans-Jochen Gamm, *Aggression und Friedensfähigkeit in Deutschland*, München 1968.

42 Jerome D. Frank, *Muß Krieg sein? Psychologische Aspekte von Krieg und Frieden*, Darmstadt 1969, S. 119. (Originaltitel: *Sanity and Survival – Psychological Aspects of War and Peace*, New York 1968).

43 Alexander Mitscherlich, »Über Feindseligkeit und hergestellte Dummheit«, in: *Ansprachen anläßlich der Verleihung des Friedenspreises*, hgg. vom Börsenverein des Deutschen Buchhandels e. V., Frankfurt am Main 1969, S. 42, 44.

44 Anthony Storr, *Lob der Aggression*, Düsseldorf–Wien 1970, S. 72. (Originaltitel: *Human Aggression*, New York 1968).

45 Storr, a.a.O., S. 46.

46 Storr, a.a.O., S. 90 f., 92.

47 Mitscherlich, »Über Feindseligkeit und hergestellte Dummheit«, a.a.O., S. 40, 42; »Die Idee des Friedens und die menschliche Aggressivität«, a.a.O., S. 21 f., 53, 125 ff.

48 Mitscherlich, »Aggression und Anpassung«, a.a.O., S. 81 ff.

49 In der ersten Veröffentlichung seines Aufsatzes »Aggression und Anpassung« (in: *Psyche*, 10/1956 und 12/1958) sowie in dem auszugsweisen Abdruck (»Zur Wesensbestimmung der Aggression«) in: Hans Thomae (Hg.), *Die Motivation menschlichen Handelns*, Köln–Berlin 1965, spricht Mitscherlich von »vor-gekonnter« Aggressivität; in allen folgenden Veröffentlichungen (in: Mitscherlich, *Die Idee des Friedens ...*, a.a.O.; in: H. Marcuse, A. Rapoport, A. Mitscherlich, D. Senghaas, M. Marcovic, *Aggres-*

sion und Anpassung in der Industriegesellschaft, Frankfurt am Main 1969; in: Mitscherlich (Hg.), *Bis hierher und nicht weiter ...*, a.a.O., – unter dem Titel »Aggression-Spontaneität-Gehorsam«) ersetzt er den Begriff »vor-gekonnt« durch »ungekonnt«.

50 Mitscherlich, *Die Idee des Friedens ...*, a.a.O., S. 112.

51 Mitscherlich vergleicht die »ungekonnte« Aggressivität mit der prägenitalen Sexualität (*Die Idee des Friedens ...*, a.a.O., S. 51).

52 Améry, a.a.O., S. 368.

53 Mitscherlich, »Über Feindseligkeit und hergestellte Dummheit«, a.a.O., S. 38 f., 47 f.; »Bis hierher und nicht weiter ...«, a.a.O., S. 8 ff.

54 Mitscherlich, »Krieg und menschliche Aggressivität«, in: *Neue Rundschau*, 81/1970, Heft 2, S. 223. Vgl. auch Margarete Mitscherlich-Nielsen, »Aggression – Überlegungen und Beispiele«, in: *Neue Rundschau* 81/1970, Heft 4.

55 Vgl. Eibl-Eibesfeldt, a.a.O., S. 100 und Lorenz, a.a.O., S. 371 f.

56 In seinem Aufsatz »Über gesunde und neurotische Aggression« (in: *Zeitschrift für Psychosomatische Medizin und Psychoanalyse*, 14/1968) erklärt Siegfried Elhardt einen Großteil dessen, was bei Mitscherlich als Manifestation einer normalen psychischen Entwicklungsstufe konzipiert wird, als eine nicht gelungene Form der Aggressionsverarbeitung, die auf frühe exogene Störungen in der Entwicklung der »gesunden« Aggression zurückgeht. – Verwiesen sei ferner auf den von Mitscherlich herausgegebenen Sammelband *Bis hierher und nicht weiter ...*, a.a.O.; Mitscherlichs Vor- und Nachwort werden den Implikationen der anderen Beiträge nur unzureichend gerecht. – Günter Ammon, dessen Aufsatz »Herrschaft und Aggression: Zur Psychoanalyse der Aggression« (in: *Dynamische Psychiatrie*, 2/1969) als »Ansatz zu einer Neuformulierung und Weiterentwicklung der Aggressionslehre ...« verstanden werden möchte, nimmt eine spontane konstruktive Aggression an, »welche als Ich-Funktion gespeist wird aus einem unspezifischen Energiereservoir«, legt die destruktive Aggression aber von vornherein »als pathologische Form der konstruktiven Aggression« fest. – Die systematischen aggressionstheoretischen Erwägungen Robert Waelders in seinem Buch *Die Grundlagen der Psychoanalyse*, Stuttgart–Bern 1963 (S. 124 ff.) haben bezeichnenderweise die gebührende Resonanz nicht gefunden; Waelder schließt zwar nicht aus, daß »der Dualismus von Libido und Destruktion oder von Lebens- und Todestrieb, der neue Perspektiven für ein tieferes Verständnis alles Lebendigen zu eröffnen verspricht, eines Tages physiologisch demonstrierbar sein« könnte (S. 140); aber er verweist auf Wilhelm von Occams »Entia non sunt multiplicanda praeter necessitatem«, um dem vorschnellen Re-

kurs auf den Destruktionstrieb entgegenzuwirken. »Wir sollten daher erst untersuchen, wie weit wir die Manifestationen einer Zerstörungstendenz als Nebenprodukte von Ichaktivitäten oder von Trieben oder als Reaktion auf Provokationen auffassen können, ohne die Annahme einer eingeborenen Tendenz zu Hilfe zu nehmen, die ohne Provokation auftreten müßte und grundsätzlich von Ich- und libidinösen Aktivitäten unabhängig wäre« (S. 131).

57 Die Verwendung eines Begriffes wie Aggressionskompetenz drückt den Vorschlag aus, zu überprüfen, inwieweit Kernbegriffe der generativen Grammatik Chomsky'scher Prägung nicht nur für die »ethnologische«, sondern auch für die »biologische« Anthropologie fruchtbar zu machen sind. Vgl. Heinz Göhring, »Generative Grammatik und Kulturanthropologie«, in: *Anthropos*, Vol. 62 (1967), S 802–814.

58 Vgl. beispielsweise die Kritik der traditionellen Rollentheorie bei Ralf Dahrendorf (»Homo Sociologicus«, in: *Kölner Zeitschrift für Soziologie und Sozialpsychologie*, X/1958), Jürgen Habermas (*Theorie und Praxis*, Neuwied–Berlin 1965, S. 173–179; *Technik und Wissenschaft als Ideologie*, Frankfurt am Main 1968, S. 48 ff.; Manuskript der Vorlesung zur »Theorie der Sozialisation«, 1968), Dieter Claessens (*Rolle und Macht*, München 1968; »Rollentheorie als bildungsbürgerliche Verschleierungsideologie«, in: Theodor W. Adorno (Hg.), *Spätkapitalismus oder Industriegesellschaft. Verhandlungen des 16. Deutschen Soziologentages*, Stuttgart 1969) und Hans Peter Dreitzel (*Die gesellschaftlichen Leiden und das Leiden an der Gesellschaft*, Stuttgart 1968).

59 Die Unterscheidung von a priori- und a posteriori-Universalien ist dem Aufsatz von Jürgen Habermas »Towards a Theory of Communicative Competence« entnommen. In: Hans Peter Dreitzel (Hg.), *Recent Sociology* Nr. 2, London 1970, S. 114–148, hier S. 134 f.

60 Vgl. C. B. Macpherson, *Die politische Theorie des Besitzindividualismus*, Frankfurt am Main 1967.

61 Karl Marx, »Zur Judenfrage«, in: Marx–Engels, *MEW* 1, 365, 370.

62 Vgl. zum Beispiel Kenneth Evan Moyer, »Brain Research must contribute to World Peace«, in: *Journal of the Fiji Medical School*, 3/1968; »The Physiology of Aggression and the Implications for Aggression Control« (Paper Presented at a Symposium on Aggressive Behavior at The City University of New York, Juni 1969); »A Preliminary Physiological Model of Behavior«, in: J. P. Scott and B. E. Eleftheriou (eds.), *The Physiology of Fighting and Defeat*, Chicago 1969.

Wolf Lepenies

Soziologische Anthropologie. Materialien.
Reihe Hanser Bd. 80. 160 Seiten. 9,80 DM

Die Verflechtungen von Politik und Anthropologie sind auf knappem Raum überzeugend dokumentiert und kommentiert. Lepenies plädiert, wie schon in seiner »Kritik der Anthropologie« für Experimente. Er stützt sich dabei vor allem auf Marx (Deutsche Ideologie) und auf einzelne Passagen bei Freud. Weder könne von einer beliebig formbaren Menschennatur und dementsprechend von einer historisch beliebig variierbaren Bedürfnisstruktur ausgegangen werden, noch sei die Unterstellung einer fixen, ahistorischen Menschennatur zulässig. Marx habe vielmehr den Vorschlag gemacht, »die tatsächliche ›Fixität‹ der Bedürfnisse empirisch zu überprüfen, d. h. nach Veränderungen in der Sozialstruktur zu streben, die als ›Ursache‹ bestimmter Bedürfniskonstellationen, die sich so als ›nur‹ historische Bedürfnislagen herausstellen würden, vermutet werden könnten«. Mit Marx glaubt Lepenies, daß die »fixen« Bedürfnisse letztlich empirisch feststellbar seien; sie würden sich herausschälen, wenn sie bei veränderten Sozialstrukturen nicht selber mitverändert würden.

National-Zeitung Basel vom 20. 2. 1972

Reihe Hanser

1 Elias Canetti: *Die Stimmen von Marrakesch.* Aufzeichnungen nach einer Reise.
2 Régis Debray: *Die Grenze/Ein gewiefter Bursche.* Erzählungen.
3 *Marx-Chronik.* Zusammengestellt von Maximilien Rubel.
4 Dimitrij Lichatschow: *Nach dem Formalismus.*
5 Erich Fried: *Zeitfragen.* Gedichte.
6 Max Stirner: *Der Einzige und sein Eigentum und andere Schriften.* Hrsg. von Hans G Helms.
7 Reinhard Lettau: *Feinde.*
8 Tadeusz Rózewicz: *Entblößung.* Erzählung.
9 *Richtlinien und Anschläge.* Materialien zur Kritik der repressiven Gesellschaft. Hrsg. von Albrecht Goeschel.
10 Stanislaw Jerzy Lec: *Letzte unfrisierte Gedanken.*
11 Günter Kunert: *Die Beerdigung findet in aller Stille statt.* Erzählungen
12 *Kritik – von wem / für wen / wie?* Hrsg. von Peter Hamm.
13 Jerzy Szaniawski: *Professor Tutkas Geschichten.*
14 Reinhard Kühnl: *Deutschland zwischen Demokratie und Faschismus.*
15 Wolf Wondratschek: *Früher begann der Tag mit einer Schußwunde.*
16 *Das Denken von Sade.* Aufsätze von R. Barthes, H. Damisch, P. Klossowski, Ph. Sollers und M. Tort.
17 Miroslav Holub: *Obwohl ...* Gedichte.
18 Joachim Schickel: *China: Die Revolution der Literatur.*
19 Lars Gustafsson: *Der eigentliche Bericht über Herrn Arenander.* Roman.
20 Paul Jacobs / Saul Landau: *Die Neue Linke in den USA.*
21 Gabriel Laub: *Verärgerte Logik.* Aphorismen.
22 Barbara König: *Spielerei bei Tage.* Erzählungen.
23 Elias Canetti: *Der andere Prozeß.* Kafkas Briefe an Felice.
24 Allen Ginsberg: *Planet News.* Gedichte.
25 Petr Kropotkin: *Die Eroberung des Brotes und andere Schriften.* Hrsg. von Hans G Helms.
26 Salvador Elizondo: *Farabeuf oder die Chronik eines Augenblicks.* Roman.
27 Hans Heinz Holz: *Widerspruch in China.* Politisch-philosophische Erläuterungen zu Mao Tse-tung.
28 *Musik auf der Flucht vor sich selbst.* Hrsg. von Ulrich Dibelius.
29 *Ansichten einer künftigen Germanistik.* Hrsg. von Jürgen Kolbe.
30 Uwe Brandner: *Drei Uhr Angst.* Roman.
31 Michail Bachtin: *Literatur und Karneval.* Zur Romantheorie und Lachkultur.
33 Günter Kunert: *Warnung vor Spiegeln.* Gedichte.
34 Guntram Vesper: *Kriegerdenkmal ganz hinten.* Prosa.
35 Günter Bruno Fuchs: *Handbuch für Einwohner.*
36 Johann Benjamin Erhard: *Über das Recht des Volks zu einer Revolution und andere Schriften.* Hrsg. von Hellmut G. Haasis.
37 Karel Michal: *Gespenster für den Alltag.* Geschichten.
38 Horst Bienek: *Bakunin, eine Invention.*
39 Uwe Herms: *Ein Liebesfall.* Roman.
40 Karl Heinz Bohrer: *Die gefährdete Phantasie, oder Surrealismus und Terror.*
41 Svetozar Stojanović: *Kritik und Zukunft des Sozialismus.*
42 *Guerrilleros, Partisanen.* Theorie und Praxis. Hrsg. von Joachim Schickel.
43 Alfred Jarry: *König Ubu, Ubu Hahnrei, Ubu in Ketten.*
44 Wolf Wondratschek: *Ein Bauer zeugt mit einer Bäuerin einen Bauernjungen, der unbedingt Knecht werden will.*

45 *Let it bleed.* Die Rolling Stones in Altamont. Berichte und Photos. Hrsg. von Siegfried Schober.
46 Richard Brautigan: *In Wassermelonen Zucker.* Roman.
47 *Sprache und Stil Lenins.* Aufsätze von V. Schklowski, B. Eichenbaum, L. Jakubinski, J. Tynjanow, B. Kasanski, B. Tomaschewski.
48 Kvetoslav Chvatik: *Strukturalismus und Avantgarde.* Aufsätze zur Kunst und Literatur.
49 August Strindberg: *Ein Lesebuch für die niederen Stände.* Hrsg. von Jan Myrdal.
50 Elias Canetti: *Alle vergeudete Verehrung.* Aufzeichnungen 1949–1960.
51 George Günther Eckstein: *USA: Die neue Linke am Ende?*
52 Anfrid Astel: *Kläranlage.* 100 neue Epigramme.
53 Lars Gustafsson: *Utopien.* Essays.
54 *Weltbilder.* 49 Beschreibungen. Hrsg. von G. F. Jonke und Leo Navratil.
55 Lenin: *Über historischen Materialismus.* Hrsg. von Alfred Schmidt.
56 Michael Pehlke/Norbert Lingfeld: *Roboter und Gartenlaube.* Ideologie und Unterhaltung in der Science-Fiction-Literatur.
57 Klaus Wallraven/Eckart Dietrich: *Politische Pädagogik.* Aus dem Vokabular der Anpassung.
58 Eldridge Cleaver/Lee Lockwood: *Gespräche in Algier.*
59 Hermann Schürrer: *Europa: Die Toten haben nichts zu lachen.*
60 Paul Lüth: *Ansichten einer künftigen Medizin.*
61 Wolf Lepenies/Helmut Nolte: *Kritik der Anthropologie.*
62 Witold Wirpsza: *Der Mörder.* Erzählungen.
63 *Verwaltete Musik.* Hrsg. von Ulrich Dibelius.
64 *Die Unterhaltung der deutschen Fernsehfamilie.* Hrsg. von Friedrich Knilli.
65 Alain Labrousse: *Die Tupamaros.* Stadtguerilla in Uruguay.
66 *Die Tabus der bundesdeutschen Presse.* Hrsg. von Eckart Spoo.
67 Michael Hatry: *Aus lauter Liebe.* Geschichten.
68 *a + b leuchten im Klee.* Psychopathologische Texte. Hrsg. von Leo Navratil.
70 *Das Rechtskartell.* Reaktion in der Bundesrepublik. Hrsg. von Harald Jung und Eckart Spoo.
71 Dylan Thomas: *Abenteuer in Sachen Haut.* Erzählungen.
72 Wolf Wondratschek: *Paul oder die Zerstörung eines Hörbeispiels.* Hörspiele.
73 Richard Brautigan: *Forellenfischen in Amerika.* Roman.
74 Klaus Völker: *Brecht-Chronik.* Daten zu Leben und Werk.
75 Helmut Ostermeyer: *Strafunrecht.*
76 Christopher Caudwell: *Bürgerliche Illusion und Wirklichkeit.* Studien zu einer materialistischen Ästhetik. Hrsg. von Peter Hamm.
77 Uwe Brandner: *Mutanten Milieu.* Bericht aus dem Land Asphalt und Alphabet.
78 Ulrike Prokop: *Soziologie der Olympischen Spiele.* Sport und Kapitalismus.
79 Afheldt/Potyka/Sonntag/Weizsäcker: *Durch Kriegsverhütung zum Krieg?*
80 Wolf Lepenies: *Soziologische Anhropologie.* Materialien.
81 Peter Klein: *Francos zweite Inquisition.* Spanien zwischen Folter und EWG.
82 Pierre Hoffmann/Nikitas Patellis: *Demokratie als Nebenprodukt.* Versuch einer öffentlichen Planung.

83 Jean-Luc Godard: *Godard/Kritiker.* Gesammelte Kritiken und Aufsätze über Film (1950–1970). Hrsg. von Frieda Grafe.
84 Alfred Schmidt: *Geschichte und Struktur.* Fragen einer marxistischen Historik.
85 Gary Snyder: *Maya.* Gedichte.
86 Jorge Luis Borges: *David Brodies Bericht.* Erzählungen.
87 Boris Arvatov: *Kunst und Produktion.* Entwurf einer proletarisch-avantgardistischen Ästhetik (1921–1930). Hrsg. von Hans Günther und Karla Hielscher.
88 Miladin Zivotić: *Proletarischer Humanismus.* Studien über Mensch, Wert und Freiheit.
89 *Das Böse.* Dokumente und Interpretationen. Hrsg. von Gerhard Zacharias.
90 Marquis de Sade: *Der Greis in Charenton.* Letzte Aufzeichnungen und Kalkulationen.
91 Vladimir Kazakov: *Meine Begegnungen mit Vladimir Kazakov.* Prosa.
92 Alfred Jarry: *Der Alte vom Berge.* Gedichte, Dramen, Prosa. Hrsg. von Klaus Völker.
93 Joachim Steffen u. a.: *Fetisch Eigentum.* Wie privat sind Grund und Boden?
94 H. H. Henschen / R. Wetter: *Anti-Olympia.* Ein Beitrag zur mutwilligen Diffamierung und Destruktion der Olympischen Spiele und anderer Narreteien.
95 Horst Bienek: *Solschenizyn und andere.* Essays.
96 *Plädoyers für eine Europäische Sicherheitskonferenz.* Hrsg. von Walter Fabian.
97 *Wagner-Chronik.* Zusammengestellt von Martin Gregor-Dellin.
98 Wolfgang Bächler: *Traumprotokolle.* Ein Nachtbuch.
99 Ulrich Albrecht: *Politik und Waffengeschäfte.* Rüstungsexport in der BRD.
100 *Und sie fliegen über die Berge, weit durch die Welt.* Aufsätze von Volksschülern. Hrsg. von ihrem Lehrer Ludwig Harig.
101 Ulrich Kurowski: *Lexikon Film.*
102 Fritz J. Raddatz: *Erfolg oder Wirkung.* Schicksale politischer Publizisten in Deutschland.
103 John Heartfield: *Krieg im Frieden.* Fotomontagen 1930–1938.
104 Helmut Nolte/Irmingard Staeuble: *Zur Kritik der Sozialpsychologie.*
105 Ferrucio Rossi-Landi: *Sprache als Arbeit und als Markt.* Kommunikationsforschung.
106 Charles W. Morris: *Grundlagen der Zeichentheorie. Ästhetik und Zeichentheorie.* Kommunikationsforschung.
107 Hans Heinz Holz: *Strömungen und Tendenzen im Neomarxismus.*
108 Rüdiger Thomas: *Modell DDR.* Die kalkulierte Emanzipation.
109 Alfred Schmidt: *Emanzipatorische Sinnlichkeit.* Ludwig Feuerbachs anthropologischer Materialismus.
111 Elias Canetti: *Die gespaltene Zukunft.* Aufsätze und Gespräche.